鹿港
旅遊精典

黃柏勳 著

文興出版事業

作者序

　　鹿港，是中台灣最親切迷人的古老城鎮，也是國人最嚮往的優質旅遊地區，更是筆者成長的地方，正因為熟悉，在重新舖陳本書結構時，便設定必需超越舊作質感，為讀者提供一份更具開創性嶄新視野，同時強化資訊的正確性和實用性，為有意深入了解鹿港文化的遊客，建構一本美麗精彩，且易於使用的全方位旅遊工具書。

　　本書嘗試，以更完整的全新角度，剖析鹿港文化層面和自然環境，同時將鹿港歷史影像，新舊並陳：翻開內頁，便可輕易窺伺鹿港史蹟舊貌，亦能發現整修後蛻變的新文化；詳細的旅遊情報，更帶領讀者深入遊人鮮少親臨的海岸、河口、以及美觀純樸的鄉村田園生態情境，期望以更完整的視野，探索近代屬於古鹿港的新風貌。

　　展現優質完美的鹿港風情，是本書極思傳達的創作精神和理念，為求盡善，自然耗費甚多精力和時間，執行田野調查，並過濾文史資料，去蕪存菁，找尋創新題材，設定路線，只是鹿港古都蘊涵的文化寶藏，畢竟過於豐富精彩，受限版面，難免遺珠，祇能留待後續補齊了。

　　正式製作期間，難題更是接二連三浮現，許多知名的史蹟古廟，因年代久遠，建物老舊，紛紛面臨重新整建問題，包括一級古蹟龍山寺、地藏廟、文祠、武廟、文開書院、丁進士第、日茂行、南靖宮、街長宿舍、貝殼廟等，不確定的環境因素，持續衝擊製作進度，幸好到了年底，隨著部份古蹟修護工程完工，總算取得最新圖片資訊，卻已延宕預定交稿的規劃時程。

　　本書收錄了古鹿港多樣性的文化素材，除了包羅萬象的傳統史蹟建築，以及鮮活的當代工藝文化，和精緻多元的賞味美食，還納入來自大陸原鄉，道地的的民俗風味茶點與地方小吃，營造了鹿港馳名的古都精華：隨著週休二日，旅遊風氣提昇，風華獨俱的主題休閒餐飲，亦陸續進駐鹿港，開

發了更具創意揮灑的美食空間，也為古蹟的未來，建構了充滿活力，欣欣向榮的全新紀元。

但開發的果實，也讓生態環境破壞逐日發酵，如何維繫後現代鹿港小鎮的穩定發展和永續經營，同時降低對環境生態衝擊，便是當代鹿港人，應積極思考的嚴肅課題。

撰稿期間，深獲許多在地鄉親的熱情協助，才能圓滿交稿付梓，謹在此致上萬分謝意，包括我的母親潘錦枝，還有黃羽婷、黃偉彥、泉郊會館、謝應欽代書、施泰洲、施教鏞、吳志忠、王君年、孫繼利、陳朝宗、許陳春、蔡旺達、陳萬能、施性輝、吳敦厚燈舖、陳惠真、李能秋、洪敏騰、鄭瑞棻、李奕興、以及鹿港鎮公所、民俗文物館、龍山寺、天后宮、合德堂、泉合利、永安宮、鹿香園、大夫第、健康博物館、立德休閒會館、鹿港國中等管理委員會提供的資料協助。

最後仍要感謝文興出版事業有限公司編輯同仁，辛苦校稿與美編製作，才能將本書完美呈現，謹此致上最深的謝意。

2004.12.16.

黃柏勳

目錄

4

目錄

鹿港開發史

　　鹿港曾是台灣中部的經濟交通樞紐，繁華地位僅次於台南府城，清代中葉曾有一句俗諺：「一府二鹿三艋舺」，便見證了鹿港當年璀璨的黃金歲月；但短短半世紀亮麗風華，卻戲劇性從絢爛復歸於平淡，也為台灣開發史，寫下了一頁獨特的滄桑傳奇。

　　鹿港又名鹿仔港，早年稱馬芝遴社，本為平埔族巴布薩群居住處，因當地河口原野上，曾有大批鹿群棲息而得名，但亦有平埔語「Ro Ka u - an」譯名之說，為台灣開發最早的文化古都之一。

　　據文獻記載，鹿港開發始自明朝末年，永曆35年(1681)年即有鄭姓漢人，自鹿仔港驅船赴八里坌(淡水河)一帶拓墾，這也是有關鹿港最早的文字記載；但官方文書則遲至清康熙34年(1695)年台灣府卷之

烏瓦厝地區的古樸三合院，隱約有日式風格。

高雅雕塑輕鬆展現鹿港開發文化的源起風情。

鹿港因當地河口原野上，曾有大批鹿群棲息而得名。

武備志：「台灣水師左營鹿仔港港汎……。」，正式出現，自此鹿仔港始成正式地名。

　　清雍正元年，鹿港已成台灣中部最大河港，據說早年移墾漢人，以來自福建興化人士最早，但人數較少，接著泉州、漳州及粵東商客也相繼移入，當初主要拓墾者為施、黃、許、郭、林等諸姓先民，胼手胝足辛勤努力下，終為鹿港繁華奠定了堅實的基礎，只是這些族群勢力龐大，各據一方，雖為當地留下一句台語俗諺：「施、黃、許，敬如天公祖」，卻也為當地險惡的漳泉械鬥，埋下糾結不清伏筆。

　　雍正9年鹿港正式開放為島內貿易港，商業逐漸繁榮，清乾隆49年更正式開放與福建的蚶江對渡，讓鹿港發展的潛力和優勢發揮到極致，這段風光歲月，延續至道光末年，為鹿港寫下傲人的輝煌史頁。

　　鹿港文風鼎盛，人文薈萃，加以商業繁盛，屢創新頁，自然蘊育了豐腴的知性文化和多元的

名勝古蹟，遺留下包括寺廟、老街，以及精緻的古厝建築和碑區文物，成為鹿港重要文化資產，亦代表了鹿港特殊移民社會的精緻文化；古台灣文化第四期，又稱為鹿港期，足以見證鹿港古都在台灣發展史的重要地位。

鹿港溪淤積改道後開鑿的新溝，又稱員林大排，早已喪失航運功能。

當時鹿港貿易盛況，曾有「頂到吞霄(通霄)，下到瑯橋(恆春)」的描述，彰化縣誌也曾記述：「鹿港街衢縱橫，皆有大街，泉廈郊商居多，舟車輻輳，百貨充盈，臺自群城外，各處貨市當以鹿港為最；」又云：「煙火萬家，風帆爭飛，為北路一大市鎮，西望重洋，萬輻在旦，波瀾壯闊，接天無際，真壯觀矣！」可以想見當年鹿港街鎮的繁華盛景。

這段璀璨歲月，鹿港曾置北路理蕃同知與巡檢署、以及安平水師左營游擊署、海防總捕分府、左營水師汛、通判衙門、釐金局、軍裝火藥局……等官置機構，顯現鹿港當年盛世的地位與價值。

清代末葉後，鹿港小鎮仍是中部重要物產集散地，貿易依然蓬勃熱絡，維持富庶繁榮景像，惟受鹿港溪常年泛濫改道，港口淤積，環境迅速惡化影響，加上北京條約簽訂後，清政府選擇開放淡水、基隆、安平、打狗四大港與外國通商；新建鐵路也是過門不入，加以省城計劃落空，終致鹿港市鎮商務式微，一蹶不振，「鹿港飛帆」勝景，自此歸於平淡，走入歷史。

光復後，鹿港古城早已退下絢麗外衣，燦爛的歷史舞台終將鹿港遺忘，往昔叱吒風雲的繁華古都，

鹿港鎮公所新穎大樓，日治時代又稱鹿港街役場。

再度殞落為隱藏在角落裡的恬淡小鎮；隨著時光推移，台灣經濟腳步突飛猛進，但蟄伏一隅的鹿港古城，仍靜靜佇立一旁；直到各界開始重視文化尋根，采風擷俗的熱潮日盛，深具傳統文化古風的鹿港，才又重獲垂青，逐步拾回往日芳華。

鹿港小鎮，擁有豐富悠久的移民文化，自然保留了無數來自大陸內地，精緻的特產小吃和手工藝術，讓美食饕客趨之若鶩，同時也創造了傳統手工藝近代美學藝術價值，展現了新世代的鹿港風華。

歷史的鹿港，溫馨懷舊，是歲月無止盡的思念，也是一頁頁讓人忍不住翻閱的傳統映像；斑駁的牆垣，迂迴幽狹的青石紅磚巷道，是歷史行過的古老甬道，引人遐思；

走在後現代的鹿港街頭，我們將要如何面對昔日鹿港歷史與傳統，審視悠遠的文化意義和價值，也許是當代鹿港人，最該深思的嚴肅課題。

南靖宮是漳州南靖縣人創立的人群廟。

龍山寺藻井是全台跨距最大而精巧藝術經典。

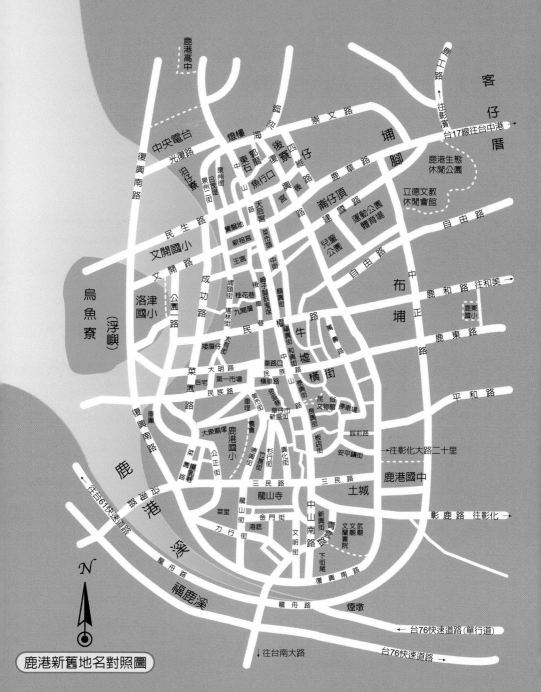

鹿港新舊地名對照圖

鹿港八郊、公會堂【縣定古蹟】

地址：鹿港鎮埔頭街72號

郊是古時的同業公會組織，有依貿易地區組成的行郊，如泉州地區稱泉郊，廈郊當指廈門一帶，南郊則屬廣東南洋範圍。另外依經營商品性質區分者，有油郊、糖郊、布郊、染郊與經營日用雜貨的 䈒郊等，昔稱「鹿港八郊」。

八郊是鹿港繁盛時期的歷史見證，當時公會的組織名稱依序是，泉郊名為「金長順」，廈郊稱「金振順」，

䈒郊「金長鎰」，油郊「金洪福」，布郊「金振萬」，南郊「金進益」，糖郊「金永興」，染郊為「金台順」。

在鹿港極盛時期，鹿港八郊所屬商行，達六、七百家，幾乎執全台商業之牛耳，當時鹿港有句俗諺云：「頂到吞霄，下至琅橋。」意即鹿港生意區域，往北到苗栗通霄，南及屏東的恒春，可以想像當年鹿港商機的蓬勃盛況。

可惜到了日據初期，港口受濁水溪改道影響，河砂逐漸淤積，從暫時封港，而至不得不廢港；鹿港受此打擊，貿易一蹶不振，鹿港八郊也隨之逐一瓦解，最後僅剩泉郊金長順仍以慈善組織形態持續運作。鹿港莊嵩有詩曰：「轉眼繁華等水泡，謾將前事語讓讓，大街今日堪馳馬，盛慨猶然語八郊。」一語點醒了鹿港如夢繁華，也見證了傳奇的「鹿港八郊」。

日茂行是早年八郊的首富。

目前鹿港已知僅存的八郊會館，有泉郊會館，位於中山路；另一處為廈郊會館，位於埔頭街72號，今日為老人會所在，係乾隆34年，由廈郊慶昌號出資倡建，正殿祀蘇府王爺，當年又稱王爺宮或萬春宮，民國17年其孫懷澄拆建為公會堂，祖建孫拆，也成為鹿港茶餘飯後有趣話題。今鹿港中山路兩側店舖，多是昔日泉廈郊行號，另有少數為染郊或布郊商行，如位於中山路188號的元昌行，屋內有巧妙設計的雕花雙層樓井，極具巧思和古樸之美，值得細細欣賞。

染郊元昌行內部有雕飾精緻的雙層樓井。

廈郊會館昔日為萬春宮，今已改建老人會館。

泉合利整修後的樓井風貌。

龍山寺內有泉廈郊捐題金額碑記。

鹿港

文開書院【三級古蹟】

地址：鹿港鎮青雲路2號

文開書院創建於清道光四年(西元一八二四年)，當時北路理番海防同知鄧傳安認為鹿港街衢繁榮，生活富足，雖然文風鼎盛，卻因並非縣治，而缺儒學之所，故而夥同八郊首富林振嵩之子林文濬極力倡建書院，並獲「八郊」所屬船戶商號支持，共同出資興建。

三年後，書院竣工落成，為紀念被譽為「台灣漢學文化始祖」的明末大儒沈光文(字文開)，命名為文開書院。

書院建成之後，延聘當代名儒執教，曾設拔社、蓮社與鹿苑吟社，同時大舉蒐購藏書共二萬餘部三十萬冊，供童生研讀，規模之大，由此可見；而當時書院並非正式儒學機構，祇是輔助單位，經費須自籌自足或依賴捐款與學費維持開銷，文開書院卻能在道光至光緒百餘年間，培育出五名進士、十六位舉人和百餘位秀才，可謂之鹿港文化的搖籃。

書院於光緒21年，曾為日軍旅團司令部，日據時期，為正式傳授漢學之所，由於疑懼學儒童生聚會易生事端，文開書院的講學及研讀活動皆被迫停止，轉移至城隍廟；後來書院再度因日人北白川宮親王，於光緒14年蒞院拜訪停留過，而改稱北白川宮紀念堂。當時所有藏書除部分留存台北圖書館外，餘均毀於兵燹，散佚無存。

文開書院三川殿古意優雅綠樹環繞。

文開書院從事文化播種工作百餘年，更是邑里諸賢講學傳道之處，鹿港先民受了它的薰陶沐化，所以文教丕興，文風延續不墜，如此重要的歷史建築，在當時重商情結之下，書院雖日漸殘破傾塌，但卻無人理會，令人慨歎，最後淪為兒童遊戲場；不幸民國六十四的一場大火，更將之焚毀殆盡，頓成廢墟，至此才又重獲鹿港有識之士關心，同時也經政府指定為三級古蹟，隨即撥款重建，目前的文開書院可謂浴火重生，是民國七十三年依舊制復建而成，同時於93年再度重修。

文開書院的建築格局，依講學、居住、祭祀等用途而設計，靠近書院，就能感受那份學廬特有的文風氣息。山門採三川脊式設計，飛簷泥塑，樸拙斑駁，別具古意，三開間山門，以及精雕細琢的雀替斗栱紋飾，也是遊客焦點。

踏進山門，即見基座抬昇的書院正堂，巍峨矗立，突顯其崇高地位，這裡便是書院祭祀與講學之所。跨過格扇門檻，即進入前堂，前堂是昔日祭祀空間，供奉朱熹和對台灣與鹿港文教有特別貢獻的賢士牌位，後半部即作為書院的治學重心，供授業解惑之用，兩側典雅寬敞的廂房，則是儒生讀書起居之處。最後進稱「後堂」，是書院院長居所，兩側廊下則構築風格獨特的花瓶門，直通側廂花木扶疏花園，是學子課餘休憩的地方。

文開書院雖然浴火重生，但空盪盪的屋宇，卻又顯示鹿港文化似乎逐漸走向凋蔽，如何讓書院的功能充分發揮，將是執事者，應優先思考之當務之急。

後堂側門設有造型特殊的花瓶門。

鹿港

意樓、慶昌古厝

地址：鹿港鎮中山路119號
後側

意樓原本祇是慶昌古厝內部，一座小閣樓而已，其引人入勝之處，乃是那段哀怨悱惻，動人的愛情故事。

據說百餘年前，大約在道光年間，意樓居住一位名叫尹娘的女子，當時仍處新婚燕爾之際，夫婿為求功名，不得不前往唐山赴考，尹娘雖然不捨，卻無法不依，臨行前，他在意樓牆邊種下一棵楊桃樹，同時告訴尹娘：「見樹如見人，吾試畢即返。」不料此去，音訊全無，而尹娘仍日夜守樹倚窗，祈盼夫婿平安歸來，然終不可求，尹娘乃獨守意樓抑鬱而終。

這個淒美哀怨的傳說，讓精緻典雅的意樓，憑添了一絲絲的浪漫與神秘色彩，當然也吸引了無數遊客到此流連徘徊。

慶昌古厝位於中山路119號後側，佔地百餘坪，為昔日廈郊旗下的最大行號，財勢僅次於泉郊日茂行，深鎖的豪宅，牆柱以紅色閩南磚與堅硬的唐山石作建

意樓擁有一段動人的愛情故事。

材，門楣綴飾泥塑的祥雲圖案，兩側牆垛也鑲飾美麗紋塑，可以想像當年大宅的璀璨芳華，但經過歲月洗禮，泥塑門飾皆逐一剝落殆盡，就算堅硬石材上的雕花，也禁不住風化而變得模糊，僅餘門楣上一小塊祥雲紋飾，以及門板上「長慶」「宜昌」字樣，訴說昔日豪宅的氣派風華，以及歲月滄桑。

意樓位於慶昌古厝內院，自斑駁的磚牆巷口，即可仰望傳說中那棵百年楊桃樹，樹影婆娑地掩映著意樓圓形花窗，而在那曼妙枝椏下的圓窗，總不禁勾起遊客一股莫名悽愴與遐思。

尹娘倚樓盼夫歸的圓窗，用設計典雅單純的紅色葫蘆狀花瓦堆砌拼成，仔細瞧，還蘊藏著古錢的圖案。在中國文化傳統中，圓窗代表「圓滿」，葫蘆意指「福份」，古錢表示「發財」之意，一座小小花窗，除了顯示它的精緻典雅，尚隱含如此豐富的人間祈求，恰可展露中華文化多元的藝術精髓。

而斑駁的意樓北側，則為精緻木雕構成的內院廂房，古樸的銀灰門板上，綴滿了歲月痕跡；鏤空的天井，置於廂房之前，令深宅之間尚能感受陽光洗禮，然而空盪的大宅，祇遺留下讓人無止境的懷念，對於它的主人而言，也可能只是一長串無奈又無助的唏噓和感傷。

古典圓圈蘊藏多重意境，展露匠師精湛的創意，也成意樓的精神標誌。

意樓內院也是慶昌古厝木質廂房，紋理分明，古樸迷人。

慶昌古厝古意深濃，仍可看出大宅風範。

古蹟之旅

19

十宜樓【歷史建築】
銃櫃、甕窗

鹿港繁盛時期，生活富庶，文風鼎盛，一些騷人墨客喜好邀約一些文人雅士，吟詩論對，品茗夜宴，「十宜」便指宜琴、棋、詩、畫、酒，以及花、月、博、煙、茶等十椿情趣逸事，相傳十宜樓主人即是書香世家，十分好客，特地選在連通的十宜樓間，興建跨越金盛巷的跑馬廊，供友人望月閒吟。

十宜樓位於金盛巷裡面，自中山路彰化銀行邊新盛街轉入約五十公尺，抬頭便可看見一小段磚造天橋橫空而過，此謂跑馬廊，其連通的前後棟樓房則稱十宜樓。

跑馬廊，是由堅硬的福州杉木做骨架，上面再鋪設閩南紅磚與綠色琉璃花磚，最底部則留下數個鏤空方洞，做為排水孔，不過近年已經略事整修，掩去了不少原有風貌，但整體架構則絲毫未變。

在跑馬廊、十宜樓附近，仍有數個特色值得觀賞，其一為甕窗，二為銃櫃，另座精緻雕花古木門則已改建消失無蹤。

甕窗─位在跑馬廊前方，運用兩個空酒甕，底

十宜樓是遊客到鹿港不會錯過的據點。

部相對成一組，以數組堆砌成甕窗，既美觀又實用，真正落實了現今流行的資源回收利用，做法與單層堆疊的甕牆不同，亦屬鹿港的特色之一。

銃櫃─又稱鎗樓，位於甕窗上方，早年鹿港，雖然生活富庶，但並不安定，經常發生械鬥及盜匪事件，故常設置居高臨下的鎗樓，以監視四方動靜，同時亦可確保邀宴賓客安全。

甕窗底部相對成一組、美觀又實用、古意盎然。

銃櫃是十宜樓旁具人文古風的史蹟。

十宜樓左方木質後門古拙可愛。

古渡義碑

　　義碑是指敬義園紀念碑，目前矗立在公園一路和公園三路之間的圖書館園區右側，紀念碑為民國二十四年由碩儒許逸漁撰文勒刻，正面鐫刻「敬義園紀念碑」六個篆體大字，背面則略記敬義園的行善義舉與來由簡訊，讓鹿港後代居民能了解昔日助人為善的賢達運作始末，同時供人瞻仰。

　　「敬義園」是鹿港仕紳於清乾隆四十二年鳩資設立的民間慈善團體，善款都由閩港船戶商賈認捐，主要工作為協助官方造橋鋪路，與築水利、扶傾濟貧與修建廟宇等善舉，在鹿港地藏王廟內，左側山牆目前仍鑲嵌一方嘉慶二十三年重興敬義園捐題碑記。

義渡碑公園也是許多兒童遊憩閱讀的最佳去處。

　　公園內林木扶疏，綠蔭幽徑，正面是現代化的鹿港鎮立圖書館，供典藏圖書與莘莘學子修習之所，園區內濃密的綠蔭下則成為老人們寒喧下棋的好地方，而中國傳統式的涼亭，褐瓦朱漆，在園區內更為醒目，也提供老人納涼休閒的好去處。

　　由於當年立碑處，為港內俗稱「烏魚寮」的浮嶼渡口，曾設黑貓橋銜接市區，因而有「古渡義碑」或「古渡尋碑」之稱。

公園內涼亭是老人們休憩下棋之所。

鹿港五分仔車站

地址：鹿港鎮彰鹿路8段110號

五分仔車站和老樹，依然為鹿港
展現風情。

車站內部提供口味多元化的冰
品、咖啡深受遊客歡迎。

　　鹿港五分仔車站，位於彰鹿路與中山路交會處，亦屬清代的土城附近；日據時期又稱新高驛站，對年輕的鹿港居民而言，自然是陌生的，但在民國五十年代，這條鐵道，卻是鹿港對外主要的運輸工具之一；明治29年(1896年)土城抗日事件便由此地點燃發起。

　　這條通行鹿港的小火車，係屬彰化溪湖糖廠所經營，專門用來運輸甘蔗、蔗糖與其他貨物的窄軌鐵路，所行駛軌道僅及正常鐵路一半寬度，故被稱為五分仔車。

　　鹿港最早糖業鐵路，為新高製糖會社，於宣統元年(1909年)興建，鐵道共分明治線(行駛鹿港－溪湖、員林)，以及新高線(行駛鹿港－和美、彰化)，全長

二十二．五公里，是昔日公路客運尚未發達時期的主要運輸工具。

　　同時期，辜顯榮經營之大和製鹽會社，亦闢建一條輕便台車軌道，沿復興路直指鹽埕一帶，提供居民另一種輕便交通選擇，則為俗稱之輕便車，也是早期鎮內便捷的交通設施。

　　據傳昔日南北縱貫鐵路定線時，曾一度考慮通過鹿港地區，並設置鹿港車站，但沿線勢必徵收大筆土地，此舉牽動了鎮內不少政經人士，最後在壓力下，終

昔日廢棄車站曾作為居民曬衣場。

鹿港

於迫使縱貫鐵路改經彰化南下，他們雖保住了家產，卻也犧牲掉鹿港自港口淤積，繁華褪盡後，尋求繁榮第二春的機會。

鹿港舊五分車站，設置於日據時期，最初是由蔗板與木材搭建，僅地基以水泥鋪設，後來再以鋼樑架設月台，佔地二百餘坪，自火車停駛撤站之後，內部已殘破凋敝，幾成廢墟，但是火車站外觀仍然完整，候車月台除屋頂塌落外，依然矗立著，訴說歲月滄桑。

隨著時空，進入21世紀之後，台糖公司為配合福鹿藝文特區整體發展計劃，便將閒置近30年的鹿港五分車站，重新規劃開發，首期以五分車站為中心，開發面積234坪，並以現代工法，將五分車站，依原貌設計重建，同時納入昔日防空壕旁兩棵百年老樹整體規劃，打造一處充滿懷舊風味的車站休憩園區。

這座浴火重生，具復古風味的新穎火車站，完工後易名為鹿香園休閒展售中心，積極提供符

車站附近樹屋，風情獨特。

合當地書香人文氣息的休憩空間，自然散發一股濃郁的五分仔車站風情。

寬敞的車站內部空間，則採多角化經營方針，除提供香純濃郁的咖啡點心，以及溪湖糖廠自製具古早味，口味多元的創意冰品，與極受歡迎的香甜鬆滑冰淇淋，讓遊客大飽口福外，並展示了台糖公司轉型後，積極開發的生技商品，應有盡有，為古老的傳統產業，開創了嶄新契機。

站外舊月台邊鐵道，並陳設一列懷舊的五分仔火車，提供遊客體驗乘坐五分仔車喝咖啡的全新感受。

車站東側百公尺處，舊穀倉古樸的磚壁外牆上，攀援勁生了數棵蒼鬱的雀榕老樹，景像奇特，也是罕見的生態景觀，遊客可以順道走訪。

泉郊會館

地址：鹿港鎮中山路233號

泉郊是鹿港八郊，最早創設的行郊。依早期鹿港交易制度，進行兩地之間大規模貿易批發生意者稱為「行」，而由其聯合籌設的公會謂之「郊」；行郊當時又稱「外郊」，性質類似今日的貿易協會；而一般在廟前市場與店屋進行交易零售者所組公會則稱「內郊」。泉郊即屬當時八大行郊之一。

泉郊創設於清乾隆時期，當

泉郊會館匾是晉江狀元莊俊元的手跡墨寶。

嘉慶丙寅年欽差大臣額巴圖頒賜的古匾。

時設郊目的除增進共同利益外，也充作維持商業秩序和行政裁決及主持祭典與從事公益事業的場所，而郊的聯合辦公處即稱為會館，可知泉郊會館即是泉郊的辦公處所，「金長順」則是它的行號。

泉郊主要係與泉州地區進行貿易，故曰「泉郊」，在清道光、咸豐最盛時期，泉郊所屬商號達二百餘家，其主要商行有林振嵩經營之日茂行、泉合利行、長發行、泉勝行、益源行等，規模之大為八郊之首，被譽為海濱

泉郊會館是鹿港八郊之首，泉郊組織的辦事處。

古蹟之旅

鹿港

領袖，其主要經營之大宗進口貨為石材、木材、絲緞、藥材等。

光緒末年港口日漸淤塞，貿易量隨之減少，加上日據時期擔心行郊凝聚的人民力量，自然限制兩岸貿易，讓八郊逐漸凋零，廈郊首先倒閉，最後僅殘存泉郊一家，以經辦社會慈善事業形態持續經營：多年來，歷經救濟院、醫療院所、仁愛之家的醫療服務工作，泉郊仍保持了先人的遺業與聲譽，而泉郊的存在，對古鹿港期的人文歷史發展，亦作了最深刻的見證。

正堂奉祀天上聖母像，旁有著官服的千里眼、順風耳相當少見。

道光年間晉江才子莊俊元親撰對聯和一旁的圓雕線體字，極爲珍貴稀有。

緬懷泉郊當年的風範，不妨徵得主人同意，深入會館探究，走進內廳，會館依然保留當年古意風貌：廳堂上奉祀清代珍藏的精緻媽祖神像，以及穿著官服手捧元寶的千里眼與順風耳，並陪祀象徵風調雨順的風神和雨神，也是一般寺廟所罕見：前方古色古香的神龕也是大陸名匠精品，兩側有篆體衍文雕刻的對聯：「捌郊尊領袖，肆海聲鐘靈。」雕工細緻，清代各界贈立古匾也懸置廳堂之上，其中以嘉慶年間「海濱領袖」匾，與「泉郊會館」匾額，最具歷史價值和意義，也說明了泉郊當年的地位與尊崇。

日茂行【縣定古蹟】

地址：鹿港泉州街65號

日茂行是昔日八郊領袖—泉郊首富林元品大宅，肇建於清乾隆年間，目前這棟佔地寬廣的傳統建築，大部分皆已傾圮頹廢，呈現一片荒涼冷清風貌，甚至淪為兒童嬉戲與老人休閒的廣場，但由廣場遺留的巨大礎石，即可想像當年宅邸宏偉氣派且富麗堂皇的壯觀景象。

日茂行主人林元品返鄉之後，僅留下急公好義，熱心助人的三子林振嵩承繼父業，今日在古老的彰化縣城與鹿港許多古老寺廟內，仍可發現無數日茂行林振嵩署名敬獻字樣。曾倡議修建著名寺院，有文昌閣、文開書院、龍山寺、彰化孔廟、天后宮……等。

荒廢的日茂行已劃為縣定古蹟，進行修建。

日茂行左廂具古樸韻味，依然有其後代居住。

相對古老的深宅大院，總會流傳許多精彩故事，日茂行也不例外：民間傳說，當年嘉慶君遊台灣，路過鹿港時，曾接受日茂行少東林文濬熱誠招待，因此回京後，即賜封日茂行正廳為太子樓，致古宅亦俗稱太子樓。

外界對於曾經如此風光，執鹿港商界牛耳的泉郊首富快速沒落，揣測頗多，大環境改變固然是主因，但也應驗民間富不過三代的俗諺，還有一則廣泛流傳，關於日茂行家道中落的有趣傳說：相傳昔日有位堪輿師應邀到日茂行作客，當時曾面馨少東該建物位居「蝦穴」，不宜見紅，見紅必敗，但年輕的少東斥之迷信無稽，而率性將旗桿漆成紅色，終至家運衰敗，生意一落千丈，「因蝦見紅即意謂死亡」。

今日茂行的數落大厝，仍依稀可看出當年的繁華風光，恢宏

前埕上,映入眼簾是鋪滿長形花崗石廣場,與散落四處的巨大礁石,當年廣場正對河港,船隻可直接泊岸卸貨,地利之便為日茂行經營打下基礎,也營造了無數的鹿港傳奇。

跨過鐫刻日茂行的古意門廳,踏上破碎紅磚道,走進屋內,首進屋頂已整個傾圮塌落,僅餘幾根粗壯圓木屋樑,橫空而過,透著藍天,更流露一股冷清荒涼氣息,與背面新穎的天后宮香客大樓,形成強烈對比,更顯得滄桑又無奈。

日茂行正廳斑駁的彩繪。

正廳兩側彩繪書畫出自名家之手。

轉入天井,偌大的空間裡擺放了許多花團錦簇的花草盆栽,讓空間愈形狹窄,祇有接近正廳,方能感受它昔日富貴風華。門庭上方懸掛民國丁未年(1955年),由其裔孫林誠湖修文的「鰲波東注」匾額,門牆則是雕工精緻的花格圖案,門楣塗飾朱漆再彩繪栩栩如生的八仙神像,中國傳統風格自然浮現。

正廳之上高懸嘉慶年號之「大觀」古匾,落款署名慶褒書,致金伯仁兄字樣,此匾據說為嘉慶君所贈;「金伯」二字,即為日茂行開基祖林元品字號,

日茂行公媽龕擺設中間大位,神明居側具有典故。

正堂內尚有一副對聯曰：「金石其心芝蘭其室，伯英之字叔度之風。」其首字亦為金伯，正好彼此輝映。

泉郊大厝遺留的巨大泉州礁石，極為罕見。

日茂行正廳，最獨特之處，便是置放祖先牌位的公媽龕擺於中間大位，卻將神明擺置旁邊，這跟一般廳堂都以神明為尊習俗，明顯不同，據說主因是林家祖先曾官居中憲大夫，為朝中軍功四品官職，可以光宗耀祖，具備將公媽龕擺放大位接受子孫膜拜的榮耀；仔細觀察日茂行公媽龕的細膩雕工，精雕細琢，亦是鹿港罕見極品，值得細細欣賞。同時廳堂的書畫彩繪也都出自名家之手，深具不凡質感，不宜錯過！

目前林家後代尚居住此地，對遊客造訪極為熱誠，十分樂意提供解說，廳堂兩側也懸掛書有日茂行沿革匾額，拜訪時可提供解說參考，值得留意。

日茂行，在鹿港數百年發展軌跡裡，佔有重要的一席之地，幸好在荒廢多年後，終被納入古蹟，於民國93年展開修護工程，深信這座古宅完工後，必將為鹿港古都，再度提供一處更完整而豐腴的文化空間。

古蹟之旅

鹿港

鹿港百年國小

地址：鹿港鎮三民路192號

鹿港百年國小即指鹿港國民小學，它自民國前十四年(1897年)創校，迄今已歷經百年歲月，是全台少數具百年歷史的學堂之一。

鹿港國小位於菜園里三民路邊，距舊河口僅咫尺之遙，和龍山寺相距也不過百公尺左右，側門和鳳山寺毗鄰，後門則銜接車埕及威靈廟，校地廣闊，佔地二公頃餘，由於早年曾是大眾爺塚，故其周圍矗立相鄰的三座有應公廟，大概也是一項罕見的記錄。

國小校舍，曾經是清代義倉、分憲署與理蕃同知分府所在地，雍正6年曾建16座天庾正供倉廒，於米市街的鳳山寺西畔，即今國小幼稚園和大禮堂基地，在當年，台中犁頭店還屬僅設二間倉廒的荒陬之地，可以想像，清代初葉鹿港穀倉地位的重要性；直到光緒2年(1876年)福建巡撫丁日昌，還曾設立禁買補倉糧碑於倉廒近郊，目前此碑出土於中山路148號謝家後院。日治時期，為興建公學校，同時

國小正門校舍爲昔日同知官署拆毀後遺址，如今祇剩新穎大樓，幾乎未留下任何遺跡。

鹿港國小運動場是古時刑場和亂葬崗,從校旁三座有應公廟,亦可見證事蹟。

降低傳統中華文化影響力,便於光緒29年(明治36年)元月拆毀倉廠與理番分府,改建為磚造國小校舍;而運動場一帶,在日據時期,據說曾是日軍的刑場與亂葬崗,因此附近知情居民大都不敢夜入校園,但隨著歲月消逝及屋宇更新,此種忌諱已逐漸被沖淡了。

　　當初正式創校時,定名為「鹿港公學校」,是鹿港第一所正式學府,在隨後數年裡,由於戰亂頻仍,曾數次遷往龍山寺、地藏王廟、城隍廟等閣港古廟裡,在困境中為學童授業解惑。民國10年鹿港首部日文版鄉土誌,由公學校出刊,這也是地方文化的創舉。

　　民國三十年,公學校更名為「鹿港第一國民學校」,民國五十七年八月,九年國民教育實施,再度改稱「鹿港國民小學」迄今。在創校百年的悠悠歲月中,

光緒2年,福建巡撫丁日昌,設立禁買補倉糧碑於倉廠近郊。

菜園順義廟便位在昔日墓園前方,也是當地居民信仰的角頭廟。

斑剝的紅磚校舍與圍牆,被機器手臂一吋吋地推倒,一幢幢嶄新的校舍又重新矗立校園,雖然外觀隨著歷史歲月不斷更迭,但永恒的內在文化與精神,是永遠不會改變的。

古蹟之旅

不見天街(今中山路)

傾圮老舊的屋宇是傳統不見天街的靈夢。

不見天街俗稱無天厝，是昔日鹿港極盛後期，興建的一條商業大街，迄今依然肩負著鹿港市區發展的神聖使命，自然也孕育了豐腴的商業文化與人文氣息，它就是今日鹿港最熱鬧繁忙的商業中心—中山路。

不見天街昔日又名鹿港大街，乃是鹿港古都，為因應兩岸對口通商開航之後，貿易量大增，舊街已不敷使用，經當地居民公議，而選定舊街東側，開闢的一條平行商店街。此街北自菜市頭街，南迄土城邊的板店街、中街仔至菜市頭街為舊市街，新闢路段為順興街、福興街、和興街、泰興街、長興街等，稱五興大街或五福街，各段路名，皆以八郊公會組織名稱，取一字表示，如泉郊金長順、油郊金洪

自高處俯瞰兩側道路店家的低矮房舍，可以想像當年不見天街屋簷相連的古樸模樣。

福、籸郊金長鎰……等。

大街昔日以經營中盤批發與零售為主，但鹿港由於濱海，九降風強勁，經常飛砂走石、天候惡劣，不利商品陳列與販賣，加以夏日炎熱多雨，且有盜匪騷擾，為解決難題，居民想出將街道加蓋的點子，不但同時解決了不利發展的自然因素，無意中也創造出今日大型百貨商場的營運雛形；更成為全省最長、最舒適熱鬧且獨具特色的不見天商街，這段時期商賈熙來攘往，摩肩接踵，商機無限，也是鹿港的黃金歲月。

它的興建方式，必須街道兩側店舖共同合作，在街畔先以粗大樑柱搭成一座座間距相彷的亭架，亭頂再依個人需求加蓋，或相連或斜倚，在通風防雨與採光考量下，亭頂開有天窗，並非完全密閉，自然形成連綿錯落具有天棚的防雨街道，而至今商店的騎樓，我們仍舊稱它為「亭子

十宜樓人文餐飲內部仍珍藏有
昔日不見天街照片。

腳」。相傳昔日保守傳統的鹿港婦女，就經常徜徉於不見天街的後進閣樓，熱絡地和鄰家聊天串門子呢！

隨著港口淤積，鹿港的貿易逐漸衰微，引領風騷一個多世紀的無天厝商街，也跟著自絢爛歸於平淡。日人據台之後，於西元1934年，陸續實施市區改正措施，此為鹿港傳統街道與古蹟受創最嚴重的濫觴。這項計劃讓不見天街的棚蓋部分，連同兩側店舖的第一進，幾乎都被拆除精光，原本僅約四公尺寬的紅磚道，硬被拓寬為十五公尺的大街，終於讓不見天街叱吒一時的風光歲月，走入歷史：拆除後，首進店屋，跟著進行門面裝修，整建成當時流行的昭和現代主義式樣風格，外牆以褐、白兩色貼飾面磚與洗石子為主，整體風格顯得簡樸明朗，在單純和諧中，又蘊藏著些微變化，而它的後院，則多保存著當初清代傳統的建築格局與風貌；而隨著歲月腳步的流轉，店屋傾圮，更新重建頻仍，目前中山路至少呈現四個時期以上不同的建築風貌。

不見天街雖已走入歷史，但昔日舊街旁古厝，仍多有保存，遊客不妨試著，和商家或屋主洽

商登頂瞭望，可稍稍體會當時不見天街的盛況，或依建材、格局與形式，深入探索鹿港歷代人文建築與典故，也是一種絕佳的體驗。

目前於中正路，十宜樓人文餐飲內部，裝飾有兩幅巨型不見天街拆除前後的珍貴照片，遊客不妨選擇入內欣賞。

進深狹長的長條狀店屋是昔日
不見天街的店屋形態。

古蹟之旅

33

九曲巷

九曲巷設計，是古鹿港時期最傑出，也是最具特色的中國傳統建築觀念與手法：其設計基本理念，便來自於人性關懷與需求，其巷道設計原則，是道路做T型交叉，而非十字交會，小巷不做直線行進，而改曲線迂迴方式規劃。

依現代建築與道路規劃角度，九曲巷絕非一項優秀的空間設計，然而轉換時空背景，回到街坊距海岸河口不足五百公尺的古鹿港歲月裡，你將發現此類迂迴曲折的巷弄設計，其實最貼近當地生活特性與需要的經典之作。

古鹿港商業重心，沿著近海及河口走向發展，當初屋宇建設，必然接近河岸港口，在毫無遮攔的空曠地形裡，強勁海風長驅直入，風砂滾滾，居民生活多所不便，九曲巷的曲線道路設計，便發揮其削弱強風、阻隔飛砂的效能，就算冬季寒風凜冽，行走曲巷裡，仍能感受巷內溫暖如春的強烈對比，這即是曲巷冬晴的絕佳寫照。

當初曲巷設計，對防範時下活躍的盜匪侵擾，也發揮了積極有效的作用，由金盛巷巷道兩旁仔細看，還可找到昔日的槍孔、銃櫃，充滿了嚴密的防禦意味，以往巷道兩端，還各設有一座隘門，形成一個封閉的私密空間，讓孩童能安全恣意地在巷裡遊戲，透過家戶後門，鄰里們在後巷可閒話家常互相往來，成為一個具有隱密性、安全又兼具親切感的生活空間。

「曲巷冬晴」是早年鹿港八景之一。

鹿港古街道，除不見天街外，均屬狹隘彎曲的巷術，包括北頭郭厝漁村小巷、泉州街、埔頭街、杉行街、瑤林街、大有街、後車巷、金盛巷、米市街等，其中以金盛巷最具特色，而且現狀最佳，目前便以其作為九曲巷代表。

尋訪九曲巷，從中山路玉珍齋，轉入民族路第一市場，約三十公尺，左側店舖間夾峙的不起眼小巷，就是九曲巷入口，初入巷內，忽覺光線暗了下來，但祇需隨著彎曲的紅磚道行進，便能發現柳暗花明又一村的懷古情境。

九曲巷內建築，多具古意典雅的純樸風貌，常見極富藝術氣息的門庭，搭配極具巧思的花窗、瓦簷與深具古典美的木門石雕、處處遺留下，令人動容的舊日生活痕跡，不禁勾起旅人一絲絲的思古幽情。

純樸的磚牆小巷別具古樸韻味。

九曲巷仍保存許多古意建築。

古蹟之旅

半邊井

地址：鹿港鎮瑤林街12號

半邊井內部雅緻古樸的小閣樓。

鹿港是座富而多情的文化古城，當初居民多源自大陸移民，彼此互相關懷照顧，蘊育出鹿港濃郁淳厚的鄉土民情，半邊井的存在，即訴說了街坊鄰里間的溫情，和慷慨助人的人情味。

古早年代的鹿港小鎮，雖有舊濁水溪支流經過，但飲用水仍多取自井水，當時打一口井並不容易，而水又是生活上不可或缺，因此當時傳統水井有「公用水井」、「合用水井」與最富人情味，僅保留半邊供自家使用，另一半提供無錢鑿井人家，自由汲水取用的「半邊水井」。

半邊井座落在古意牆角訴說鹿港人溫暖、慷慨的人情味。

這口溫馨的半邊井，屬瑤林街12號王姓書香世家擁有，古意的門牆上題有「三槐挺秀」；靠近左側牆邊，便可發現這半口井露出牆外，古井雖已乾涸荒廢，甚至被填滿泥土，但其存在意義，有助於讓後世人們，了解先民的無私、愛心與厚道。

而半邊井背面，王家古老的傳統宅第，建築典雅，亦曾榮膺六十年代「揚子江風雲」與「小城故事」的外景拍攝地點，斑駁的牆垣，更散發一股風雅拙意的建築之美，也吸引了許多遊客的目光。

整修後的古樸建築，曾是小城故事外景地。

丁進士第【縣定古蹟】

地址：鹿港鎮中山路130號

整修中的丁進士第。

　　丁進士第，為鹿港知名書香世家丁壽泉故居，位於鹿港中山路130～134號，佔地近400坪，進深達50公尺，為清代末葉著名的仕紳官宅，也是文風鼎盛的鹿港街頭，僅存最完整的清代進士第建築，具有珍貴的歷史地位。

「喜上眉梢」的木雕意境表露無遺。

　　進士第又稱丁家大宅，老主人丁克家，為事親至孝的鹿港孝子，當年「侍疾救父」事蹟，曾被列為近代史的民間36孝楷模，進士蔡德芳並曾銜書上稟旌表；國內郵局為彰顯孝道，更發行了一套涵括「侍疾救父」的孝行郵票，以褒揚其至善孝行。

　　進士第便是其六子丁壽泉，在光緒6年赴京殿試，高中三甲第48名進士，返鄉後，為丁宅光耀門楣所修建祖厝，格局為三落三開間合院式建築，正身門庭迎向新盛街口，背向民俗館，內部雕飾精美，展現進士第優雅氣派的樸實風格，自然成為古鹿港知名的顯赫宅邸。

　　目前斑駁的丁進士第，已被劃為縣定古蹟，正進行宅院重修工程，完工後古宅將浴火重生，再度展現它傳統典雅風采，成為鹿港文化史上，另一處閃亮的地標。

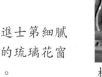

進士第細膩的琉璃花窗。

樓井雕欄，雖然斑駁，仍看出昔日的風華。

古蹟之旅

37

鹿港

鹿港街長宿舍【歷史建築】

地址：鹿港鎮民權路160巷2號

鹿港街長宿舍，位在昔日鎮署東側，為首任街長規劃興建，而由第二任街長吉田秀次郎，幸運成為第一位進駐官舍的行政長官，爾後並陸續有五位街長曾宿泊此地，早年斑駁傾圮的房舍，便清楚見證了鹿港日治時期的殖民滄桑。

鹿港街長是日治時代，當地最高行政首長職銜，回顧日據初期，小鎮行政區域，即屬台中州彰化郡鹿港街，這幢屹立在鹿港鎮公所新穎大樓旁，小巧典雅的日式建築，便是民國24年(昭和10年)建造完成的街長宿舍。

整座建築依偎在濃密綠蔭之間，前有著名的百年楊桃樹，直至今日這樹依然枝葉繁茂，名氣直逼意樓的古楊桃樹，是鹿港市街裡最知名的兩棵果樹。

民國93年，在創意產業、活化史蹟計劃下，街長宿舍終獲新生，整建後的宿舍佔地近百坪，L型的建築外觀，讓室內採光特別明亮，屋內規劃格局，寬敞舒適，卻也兼顧了簡約樸實的功能性設計原則：這棟傳統日式官舍建築，坐北朝南，主體基礎

街長宿舍採光設計良好的側廂。

抬昇，有助於隔絕濕氣，降低木構地板的傷害；建材則多沿用原始溫暖的木質結構設計，搭配寬敞的和式落地原木格窗，清幽雅致，自然擁有優異的採光與視野；日式屋頂斜坡，則鋪覆亮麗的傳統琉璃黑瓦，山牆頂端嵌飾圓形氣窗，簷下則鋪綴梯狀條板，前後牆面並設置矩形透光格窗，搭配兩片式原木門板和延伸而出的雨庇，視野所及皆是簡潔明朗的線條和空間，層次分明。

走入前院庭園，高大蒼翠的榕屬植物，以及鮮綠低矮灌叢掩映，每逢秋季，常見遍地楊桃落果，果香濃郁；後院盡頭則矗立一棵樹形優美古榕，丰姿獨具，整體環境鬧中取靜，流露出淡雅溫馨的和風美感。

宅前遍地楊桃落果，散發濃郁的果香。

宿舍規劃和式落地窗，具有優異採光和視野。

原木山牆頂端圓形氣窗有畫龍點睛之姿。

　　整修後，美輪美奐的街長宿舍，經營規劃方向，擬朝鎮史館複合式休閒機能設計，除延續珍貴的歷史地位外，內部還將提供優質的導覽系統，讓遊憩旅客可以輕鬆取得探索鹿港的詳盡資訊，同時結合庭園咖啡飲食休閒文化，將鹿港文化創意產業之活化史蹟功能，發揮得更加淋漓盡致，同時也見證了鹿港小鎮多元的創意和生命力。

宿舍寬敞獨特的入口門廊。

宿舍後院老榕樹亦具有近百年樹齡。

自高處可以俯瞰街屋的完整格局。

黃玉書古墓

地址：鹿港鎮鹿和路537巷內

黃玉書古墓，位於鹿港東郊澎湖厝附近，當地尊稱為黃進士墓園，是鹿港清代末葉著名文人之一，可惜英年早逝，令人不勝唏噓。

黃玉書又名毓堂，字瑞符，號笏庭，出生於道光24年，祖籍泉州晉江縣檗谷鄉的書香門第，承襲祖德遺風，自幼孜學不倦，在光緒元年赴福州鄉試中舉，時年僅32歲，復經十五年披星戴月苦讀，終在光緒16年赴北京禮部會試及第，成為進士，卻因家業雜事未及殿試，僅敕封文林郎，便匆匆返台。

或許真是天妒英才，返台不久，黃玉書便參與社頭鄉望族祖產分配事件，卻被誣指不公，致慘遭毒害身亡，僅享年47歲，隨後再追諡承德郎，但不幸身故的進士，在傳統習俗和風水考量下，卻祗能任其孤獨長眠於澎湖厝的荒郊墓園，倍添悽愴。

古墓座落於鹿港近郊，佔

黃進士墓碑上有美麗圖騰，但碑座已稍移位。

古墓附近五營鎮守的小祠。

地百坪，卻因乏人整理，顯得凌亂不堪，自鹿和路二段524巷對面，永大織造公司旁的農路進入，大約一百公尺，右側稻田裡，便可發現這座由綠色圍牆拱護的大型墓園。

走進寬宏墓園，內部菁深草密，兩側墓堤舖彩瓷紅磚，鑲設獅座石柱，墓碑山形頂端鐫書壽字，側雕蟒紋，兩側對聯曰：「檗石舊家聲，澎湖新壽域」，其間石字頂端加了一點，與鹿港巷弄石敢當字型相同，應係傳統鎮煞辟邪考量，值得研究。

墓誌銘文：「皇清顯考敕授文林郎晉封承德郎號笏庭黃府君墓」，落款年代為光緒壬辰年，據此推算文獻記載年齡便出現落差，有待後續釐清了。

環顧整座墓園，空間寬敞，蔓藤遍佈，盡處墓塚上方，甚至已長出大樹，藍天裡迎著綠葉落盡的蕭瑟枝枒，更顯得落寞荒涼。

這座古墓孤單兀立在蒼翠田園上，雖然宏偉卻又難掩秋意般的蒼涼無奈，仍是研究古墓的不錯題材，何妨在遊憩之餘，到此憑弔一番。

古墓前可愛拙樸的小石獅石柱。

進士墓園便位在澎湖厝裕安宮近郊。

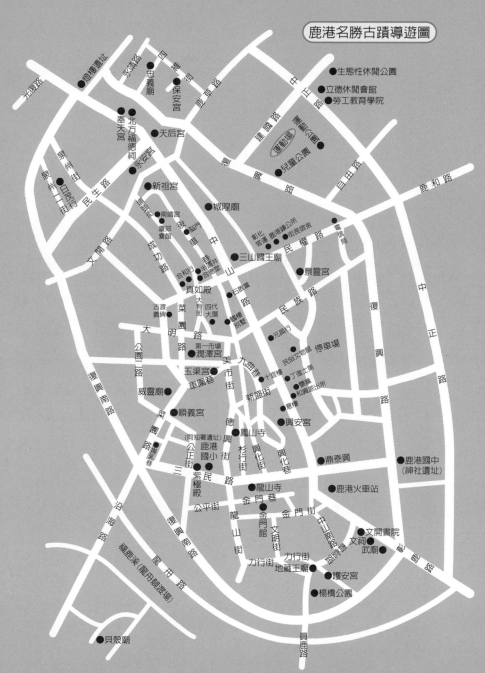

鹿港名勝古蹟導遊圖

生態性休閒公園
立德休閒會館
勞工教育學院

燈樓遺址
忠義廟
保安宮
光復路
永靖路
日茂行街
鹿草路
中正路

北方福德祠
奉天宮
天后宮
永安宮
泉州街
泉州二街
日茂行
民生路
新祖宮
埔頭街
南靖宮
廈郊會館
城隍廟
彰化客運 鹿港鎮公所
鹿港鎮民宿舍
運動場
運動公園
兒童公園
慶安宮
興化街
自由路
鹿和路

文開路
成功路
合和行
合德堂
三山國王廟
景靈宮
民權路
電信局
復興路

真如殿
石敢當
大有街
四代大厝
民族路
隘樓別墅
元昌行
民俗文物館
丁宣樓
停車場
中正路

菜園路
古渡義牌
大明路
公園二路
第一市場
潤澤宮
玉渠宮
重圍巷
美市街
九曲巷
十宜樓
新盛街
慈樓
丁進士第
和興派出所
復興南路

威靈廟
順義宮
菜園路
德興街
鳳山寺
興化街
興安宮
興化巷
鼎泰興
鹿港國中
(神社遺址)

公正街
鹿港國小
杉行街
紫極殿
民族路
公平街
龍山寺
金門巷
金門館
金門街
鹿港火車站

龍山街
力行街
文明街
文開書院
文祠
武廟
護安宮
沿海路
復興南路
鹿舟路
福鹿溪(龍舟競渡場)
力行街
地藏王廟
楊橋公園

貝殼廟
員鹿路

43

古厝之旅

欣賞古厝情報

　　古厝，跨越了歲月時空，見證了常民社會的歷史，屬於生活性史蹟，在自然演進的時空中，它烙下了歲月和生活的印記，不同環境、背景和時空，自然造就出不一樣的古厝生命與價值。

　　宅第是人類為滿足安全生活需求，延續生存的工具，每個人對家的認知和需求主觀的相異性，自然創造了不同風格的建築風貌，這便是鮮活的古厝文化內涵。

　　欣賞傳統古厝文化，首要闡釋古宅豐富的內心生命，同時再就宅第蘊涵的五項特質，逐項審視，才能盡窺古厝的極致意義與價值，這五項特質為(一)歷史性、(二)珍稀性、(三)藝術性、(四)指標性、(五)地理性，此外自應考量背景時空和文化差異，所衍生的建築格局、材料、技術工法，以及裝飾藝術的融合與演進，尤其工匠藝師和居家主人的主觀意識，更是影響古厝生命文化的重要元素。

　　鹿港蘊涵多元的族群移民文化，自然釋放了多樣性自由創作空間，加以又融合不同環境時空背景，才能演繹出，如此豐腴繽紛的家居生活文化。

　　鹿港遺留的古厝，詳實記錄了當地數百年來，滄海桑田的社會變遷和生活文化，成為深入探索鹿港獨特人文空間和歷史，最直接而有效的管道。

鹿港郊區常見造型風格迥異的古厝。

欣賞古厝精華，通常就人、事、時、地、物的歷史方向思考，先就人文背景取得基本認知，接著從歷史角度出發，再就整體環境格局加以審視，最後再依具像建築的核心結構、外觀、格局、文物、彩飾，深入觀察，才能完整掌握古宅的佈局，和文化精髓。

觀賞宅第節奏，宜自外而內，由上至下，循序漸進，觀微知著，方能一覽無遺，若能取得主人信任，透過生活者親自解說，更能掌握真實的內在精神，避免遺珠之憾。

鹿港古厝，主要分為傳統店屋，日據街屋和傳統合院建築三大類：

一、傳統店屋

為早年鹿港河口傳統古街，最具代表性的古厝：古鹿港繁盛時期，便是以優越便利的河港運輸，帶動商業發展，在舊街一帶，自然林立各種形態的船頭行，直接進行貨品交易買賣，彰顯出鹿港傳統舊街獨特的文化古風，這些營商古厝，便集中於鄰近舊港口的埔頭街，和瑤林街及大有街一帶；這些長條狀店屋格

鹿港古蹟裡發現據說引自荷據的丁型壁鎖裝飾。

局，通常分為三進，首進作為中、大盤交易店面；入口門壁多以拆卸式原木條板組合而成，以利貨物搬運出入，上層為半閣樓設計，供彩計休憩使用或貯藏貨品，第二進和首進之間，僅以露台相連，通常底層作為挑空樓井，便於貯貨，同時作為正廳緩衝空間，通過採光天井，即銜接後進客廳、臥房和餐廚私密空間。

二、日據街屋

昔稱鹿港大街，創建年代略晚於古街，為古鹿港發展後期，對外商業的重心，雖同為店屋形態，但臨街商業經營形態以零售為主，自然散發出不同的精神和韻味：主要特色便是建築外觀，結合傳統與當代流行西式現代主義的式樣風格，應用單純的幾何圖形和文字圖案，以及洗石子和淺色面磚，綴飾街屋的外貌線

鹿港

條，展現創新材料，具時代感的視覺美學藝術風貌；但屋内擺設多維持傳統深進店屋的原始格局，和生活機能設計。

欣賞日據店屋型古厝，宜選擇開放式營業店面，方能貼切掌握店屋經營的精準哲學，易於深入探索當年大街古風；觀賞重心除了機能、格局和空間規劃設計，外觀的立面線修和圖案建材與窗櫺、格扇綴飾風格，以及樓層的木雕彩飾，内部的樓井雕欄和隔板楹柱的彩飾雕花，均值得遊客用心體會，才能完整感受每戶店家匠心獨運的別致風采。

三、合院宅第

這類古厝為傳統合院建築，與日治初期大戶人家興建的深宅大院，適合觀察中西合璧的外觀特色，並從建築格局和結構屬性、建築年代，以及風水文物、

自由路斑駁古厝，仍可想見昔日風華。

匠師流派著手，循序漸進，自屋脊馬背，壁鎖脊飾和鳥踏、水車堵、以及山牆、門樓、立面花窗、格扇樑枋、壁堵斗栱的設計雕飾，欣賞當代文化背景的建築藝術和創意風格。

古厝蘊涵多元的造形、色彩和當代的創意文化，傳達出傳統與現代建築空間的極致美學，以及外觀的變化趣味，在人文元素裡，常成為最親切動人的設計題材，也是欣賞古厝過程溫馨的内涵；因此，維護古厝的完整，進而活化古厝價值，應是當代鹿港人必須嚴謹思考的深度課題與智慧。

古厝精彩的剪黏藝術，風采依舊。

鹿港古厝巡禮

鹿港小鎮的開發，始於明鄭時期，迄今已有三百餘年歷史，當時開發區域，以埔頭舊街一帶的河口港灣近郊為主，隨著商業發展，拓墾腳步自然逐漸向內陸深入，也留下了許多珍貴的人文古蹟，只是隨著時光流逝，今日倖存者，除了古廟、碑碣與古匾之外，便僅剩古色古香的老舊宅第了。

合德堂由雅緻的合院建築和店屋組合而成。

鹿港古厝大多具有百年以上的歷史，同時存在著至少四個時期的不同建築風格，包括前清時期和清代繁盛時期，以及清末民初與日據時期。

古厝大部分散布於鹿港古街一帶的巷弄之間，雖然走在中山路這條清末大街，便有機會盡覽古式樣建築的不同風貌，但深藏於鹿港巷弄之間的古厝，由於知道的人不多，更讓遊客有驚豔的感覺呢！

鶴棲別墅

地址：鹿港鎮後車巷9號

宅第位於後車巷前段，自第一市場大明路頭，轉入後車巷內，約行百公尺即可看到古厝。原屬王家豪宅，濃密的綠蔭下，露出白色歐式風格的圓拱門牆，兩側植樹的六角花壇，早年曾是山水造景的魚池，庭院地面鋪設石板，正廳因年代久遠，已成斑

鶴棲別墅內部為合院建築外觀融合歐式的風格外貌，十分獨特。

駁破舊景象；兩側設廂房，庭院裡綠樹成蔭，花草萋萋，可以想見當年的風華氣勢，確實不凡。

益成古厝

地址：鹿港鎮新興街122號

古厝位於新興街122號，為三門洋式連棟建築，但内部仍維持清代舊式木材為主的建築格局，外觀則呈現日據時期，後現代式樣建築特色，立面外牆鏤塑了繽紛的紋飾圖案，尤其建物二樓的廊柱拱窗，線條柔和分明，並綴飾精緻泥塑，更顯現主人高尚品味；附近巷弄之中，仍隱藏許多具特色的人文建築，例如力行街官林宮旁的古厝，以及文德宮附近的舊屋等，無妨順道欣賞。

益成古厝外觀設計融合中西式樣貌深具創意。

安平古厝

地址：鹿港鎮安平巷62號

位於安平巷62號，為許家祖厝，寬敞的庭院裡，花草如茵，中間置一口八角魚池。最具特色者，莫過於門前精雕的石椅和紅白相間的廊柱。許宅斜對面，另有一幢傳統閩式古厝，牆内亦是花木扶疏，脊樑山牆的圓窗邊和露台門楣，均採灰泥紋塑，圖案細膩精緻，外牆門廊採圓形拱門設計，風韻獨具，這座古厝目前雖已封閉，但亮麗的宅第設計，依然流露古樸高雅風貌，深深吸引著遊客目光。

安平古厝造型典雅，已具百年歷史。

許宅古厝帶有紅白相間帶飾，別具特色。

菜園舊厝

地址：鹿港鎮菜園路51號

位於菜園路與公正街一帶，散布著一座座殘舊古宅，大多是黃姓親族的家屋，鹿港早期有句俗諺：「姓黃騎(住)菜園，姓施騎路邊，姓許赤查某。」即清楚地訴說鹿港各姓氏分布的特色。早年此處最大宅院為黃慶源所有，昔日亦有金廳報喜的傳統特色，可惜象徵金銀廳的精緻屏風被偷，加上後院部分遭拆除，已失去往日宏偉的氣勢。

菜園路慶源古厝內部曾收藏金銀廳格扇，可惜已被盜取無蹤。

慶源舊厝屋頂山牆設計典雅。

恆生堂古厝

地址：鹿港鎮景福巷107號

位於景福巷107號，據說是昔日舉人古厝，為傳統式建築的大宅院。正廳屋脊以泥塑花紋彩飾，後進則以鏤空花窗裝飾，門牆飾以黛綠的琉璃花窗，古樸優雅，可惜多年來人去樓空，缺乏整修，略顯臨亂景象。古厝恰於東方土地公所在的景靈宮附近，從廟前左轉民族路108巷8號，另可走訪破舊的太岳之胤舊厝。

恆生古厝即將面臨傾圮荒廢命運。

古厝之旅

49

郭厝古宅

地址：鹿港鎮郭厝巷52號

位於昔日北頭漁村附近，包含東石、郭厝、後寮仔一帶曲折小巷內，仍散布著許多傳統的三合院宅第，其間蔡氏祖厝，獨具的古樸雕花窗，常成為遊客焦點，可惜這些古厝亦逐漸面臨城市的開發壓力。

北頭郭厝巷之蔡氏古厝，背面磚柱為保護舊厝的後期建物，常被誤為磚窯改建。

四代大厝

地址：鹿港鎮大有街12號

四代大厝亦有人稱之「四塊大厝」，其實後者為台語口音相似之誤，據當地居住的後代子孫表示，四代厝為施氏祖厝福地，總讓居住者兒孫興旺，經常四代同堂，而有四代大厝之名。

這座古老的木構宅第，雖逾百年風華，依舊維持昔日古風，斑駁黝黑的樑枋泥壁，以及清晰裸露的木質紋路，古味十足，是鹿港市區內，罕見傳統的古老樓井建築。

四代厝開基祖為施淵舉，生於清嘉慶8年(1803)年，祖籍泉

正廳格扇古意的雕飾。

州錢江縣，早年曾恩科中舉，並授修職郎，為人急公尚義，曾創

施進益號船頭行，於大有街原址，祖厝正廳仍懸掛了該先祖畫像，以資追念。

四代厝後進已傾圮，宅第內部結構依然紮實，正廳前方鑲飾格扇，雕工精緻，高敞樓井頂端，則是罕見採用數量密集杉木組成的屋樑，十分獨特，首進店屋木門板壁，皆是樸拙紋理的原木材質，顯露了極具古意的傳統風情。

這座古厝，近年曾被選為好男好女的演出場景，風華無限，值得專程前往一探樸意的古厝風采。

四代大厝古樸的樓井雕欄。

四代大厝是鹿港罕見仍保留舊貌的船頭行遺跡。

合德堂古厝

地址：鹿港鎮瑤林街8號

合德堂雅緻的前院正廳。

　　合德堂為古市街保存區內著名古宅，正好位在瑤林街入口前方，為鹿港知名學者施人豪先生世居的百年祖厝，近日方經彰化縣文化局協助整修完竣，卻因未顧及主人居家便利，而留下了些許缺憾與爭議。

　　古厝是由雅致的合院建築和木構店屋組成，座落在以店屋為主的古街裡，獨樹一幟。

合德堂寬敞前庭可欣賞罕見尖頂馬背。

　　遊客自題書「合德堂」的樸雅門牆，走進合院外埕，庭院兩側綠草如茵，左方一棵造形奇特的龍鍾古柏，老當益壯，更為古厝增添丰朵；兩翼廂房均為木質結構，並搭配閩南紅磚鋪設，廳堂廂房與壁堵，均綴飾竹、木雕刻，別具古樸韻味。

　　合德堂也是鹿港著名書香門第，屋頂兩側還設有高雅讀書樓，為後代提供一處幽雅的讀書環境；宅第內護龍兩廂獨特尖頂馬背，以及廳後屋簷下造型可愛的魚龍落水口，更讓合德堂古宅增添秀色。

合德堂以竹木材質建構的高雅側廂。

合德堂廂廊下方素雅雕飾極具特色。

泉合利

地址：鹿港鎮埔頭街25號

泉合利在鹿港開埠貿易鼎盛時期，為泉郊商號除日茂行外，最風光知名的船頭行，也是王氏先民藉著航運之利，多年慘澹經營成果，曾經歷過一段叱吒風雲的歲月，祇是隨著河港淤積，貿易外移，船商無以為繼，往昔的喧囂，自然也隨之沈寂。

泉合利古厝和鄭玉珍百年餅鋪相得益彰。

泉合利曾是古街裡，風光一時的百年老店，在古鹿港文化裡，佔有獨特地位，但隨產業沒落，已塵封多年，最近才透過活化古蹟計劃，進行整修，期能延續當年風光歷史，重振往日的璀璨丰采。

位於埔頭街的泉合利古宅，佔地寬敞，早年便以美麗復古的樓井雕欄著稱，優越的地段，以及深進式傳統店屋格局，特別適合作為商業用途，整修完成後，便吸引無數有意在古街開業的人，前往洽商；最後由糕餅世家鄭玉珍的百年餅鋪，憑藉多年交情，獲得承租權，也為泉合利注入全新活力，兩家百年老店新開，彼此相得益彰，必能為雙方開創新局。

泉合利古厝結合鄭玉珍糕餅世家經營功力，期待開創新局。

重新出發的泉合利，原始格局為三開間店屋，建築形式為二層樓房，外觀立面頂層鋪閩南紅磚，兩側各設拱形邊窗，中間另

置典雅八角窗，底層則舖飾白色岩板，古樸沈穩，幽雅討喜。

店內空間高敞，柔和燈光下，將傳統店屋襯托得更為溫馨，櫃面展示品，均是具有傳統風味的糕餅茶點，其中尤以曾經獲獎無數的紙包鳳眼糕，擁有傳統的百年風味，最具特色。

抬頭高敞廳堂頂層，便是古意盎然的挑空樓井，兩側舖設有環狀雕花圍欄和繽紛的格扇彩飾，展現古厝的迷人新貌。

鹿港小鎮，除了市街上，為人熟知的古厝和上述舊宅之外，狹窄巷弄間與純樸農村裡，仍隱藏不少零星的三合院農舍，依然保存了古老的傳統風貌，其中包括杉行街菜堂、四知堂、桂花巷一帶、文開路及查某旦、打鐵巷、頂番婆一帶的農村田園之間，無妨深入走走，也許會有驚艷的發現呢！

店內展示多樣風味獨特糕點。

古厝前優雅的畫扇藝人作品豐富。

泉合利閣樓上典雅透氣花窗。

泉合利整修後的樓井風貌。

合和行

地址：鹿港鎮瑤林街5號

合和行古厝，位在瑤林古街入口，正好與合德堂相對，彼此有同宗之誼，宅第面寬長達三間店舖，為木屋結構之四合院古厝，也是近年鹿港文化創意產業，活化古蹟計劃執行後，陸續修復的古老宅第。

整修後的合和行建築，經過彩飾，外觀十分亮麗，美侖美奐，加上寬敞格局，更彰顯出主人早年的財勢氣派，亦襯托出古厝往日的顯赫風采。

跨入宅第首進，內部為寬敞的開放式空間，最近附設有美味麵茶坊，讓屋內空氣中飄散著淡淡麵茶清香，內院前方，則建構典雅的古風屏門與格扇，區隔內

合利行外觀美崙美奐格局宏寬。

合興堂護龍廂房窗櫺外圓內方，隱喻經商為人道理。

外：屋內壁面多彩繪粉紅淡藍色彩，作為底色，再於其上勁書簡潔的書法作品裝飾，展現了主人內斂優雅的文風。

走進內埕，地面鋪設樸拙的白色石版，兩側護龍為造型相彷的古意廂房，各設外圓內方，彼此對稱的通風木窗，隱喻基本的做人道理：屋前簡易花台上，則擺設數盆鮮豔清麗花卉，為古宅益增逸趣。

宅第內進，為地位尊崇的施家正廳，門廳頂端，懸掛書有合

鹿港

興堂的古意燈籠，風韻獨具；穿過雅致的
六門格扇，便是正廳，屋內空間高敞，牆
堵依舊綴飾蒼勁書法，意境風雅，流露出
書香門第，高雅的品味。

合興堂正廳內部雅緻
的書法格局。

合興堂為施姓合和行堂號，外觀高雅。

外觀亮麗的合和行
古厝，風雅獨特。

元昌行 【歷史建築】

地址：鹿港鎮中山路188號

元昌行座落於熱鬧的市街中心，為鹿港知名的行郊古厝，以清代罕見的雙重雕欄樓井，被列為歷史建築保護。

元昌行外觀屬於昭和現代主義式樣建築，和鄰近建物大同小異，但細看其立面牆飾文字，便會發現它原來是早年鹿港八郊罕見的染郊商號，具有獨特歷史地位。

這棟樓房也是鹿港名人李奕興家族的傳承產業，屋內仍維持清末古老的木構格局，尤其巧妙設計的雕花雙層樓井和精緻典雅的木雕格扇，深具巧思和結構之美，值得細細品味。

元昌行往昔曾開放出租為計程車行，讓內部遭受許多不當毀損，甚至屋內珍貴文物，也曾不翼而飛，令主人相當無奈，祗好

元昌行為昔日染郊，外觀鑲飾獨特。

暫時閉門謝客。

目前屋內還居住了李家長輩，但長期封閉結果，屋內常見一片漆黑景象，僅見一線陽光自頂層樓井斜射而下，讓年久失修的宅第，更增添了不少斑駁古意和無奈。

元昌行是國內罕見雙重雕欄樓井設計的精緻古宅，具有珍貴的歷史文化價值，若能積極的溝通協調，透過古蹟永續經營計劃，重新整修開放，不但能活化史蹟，亦為鹿港古文化衍續，盡一份心力，相信這也是身為後現代鹿港人的驕傲和榮耀。

元昌行內部有獨特雙層樓井，但遊客不易拜訪。

廖厝大夫第

地址：鹿港鎮廖厝巷62-12號
旁

大夫第是道光16年陳仁世歲貢及
第後興建之家祠。

　　大夫第，位於鹿港近郊廖厝巷內，翠綠廣邈的田園之間，昔稱宣裕堂或旗杆厝，只是這處龐大家業聚落，開基始祖卻並不姓廖，而屬陳氏家族擁有，背後自然有段令人稱頌的傳奇故事。先祖陳士陶，為人崇信尚義，原籍福建泉州惠安縣，乾隆44年渡海來臺，曾於鹿港古街九間厝一帶經營船頭行，籌組興和同春商號，辛苦營商致富；也是鹿港居

大夫第前庭僅剩一對典雅旗竿座。

　　民早年茶餘飯後流傳的趣味軼事，「陳陶告林品」以及「陳陶捻死鼠」故事的主角人物之一，傳說中另一主角林品，則是萬貫家產的泉郊商號日茂行首富，結局雖是喜劇收場，但這則傳奇也為商場經營者，首重的信義忠誠寫下了另一種典範，更讓大夫第蒙上一襲神秘色彩。

　　廖厝大夫第另項特色，便是兄弟明經：嘉慶24年(1819)年陳士陶次子陳英世首度捐貲為成均進士；道光19年五子仁世更上層樓，獲得歲貢及第，貴為奉直大夫，便藉此興建大夫第家祠，祭祀陳家先祖，以示慎終追遠和孝思感恩之意。

　　大夫第初為土埆厝建築，隨後翻修為斗子砌房舍，曲脊燕尾，氣勢非凡；可惜在歲月摧殘下，又連年遭逢水患肆虐，讓古厝面臨傾圮命運，就連前庭白石精雕旗竿座，也險被沖毀流失；據陳氏後代追憶，當年宅第前方

曾豎立2對泉州旗杆台，其中一對因底座內部充填泥土被大水沖毀而遺失，幸好及時救回兩座，固定於庭院前方，默默守護著這片偌大基業，同時見證陳氏家族，顯赫的官宦家聲。

走近前庭，便有一棵樹齡近百年，綠意盎然的古榕，巍然矗立，當地耆老表示，榕樹係取自先祖牧牛繫繩枝椏被扯斷後，遺留的殘枝插植，迄今也算老樹龍鍾，可惜後代子孫，卻計劃開路時將樹砍除，這對大夫第而言，無論就風水傳說或生態觀點，均是一種損失，值得主事者深思。

目前大夫第，已是歷次重修後的近代建築風貌，外觀全係鋼筋水泥構造，古意頓失，雖然少了一份古樸傳統韻味，但仍不失其傳奇史蹟地位：大夫第為硬山式三開間結構，屋脊設剪黏燕尾，未細看會誤為傳統廟宇；入

大夫第家祠的入口大門，常年關閉著，防止宵小入門。

神龕前珍貴的24孝木雕是大夫第的古老文物。

口門額題「大夫第」三字，屋內正堂頂端高懸「兄弟明經」匾額，廳內還遺有民國39年重建大夫第木匾，以及另一方己丑年「佑啓後人」匾額，為昔日佃戶後代集資奉獻，共同見證陳氏後代沿襲的信義家風。

祠內最獨特文物，便是將中國流傳的二十四孝故事，化為裝飾神龕的雙面木雕格扇，雕工傳神細緻，將傳統忠孝傳家精神表露無遺；而早年珍貴的匾額文物，則多在歷年整修過程毀壞、遺失殆盡，相當可惜。

拜訪大夫第，可循鹿和路二段廖旗杆聖興宮指標進入，約200公尺，便抵聖興宮，再左進約百公尺，即抵大夫第。

日據街屋

　　鹿港悠久的發展史頁，橫跨清代、日治不同的時空背景，加上獨特地理環境因素，和多元河港商業形態，營造了迥異的住商文化，自然發展出韻味獨具的街道空間哲學，為小鎮創造了更為繽紛的店屋建築風味。

　　昭和9年(1934)年，鹿港實施最大規模市街改正計劃，這波行動讓清代鹿港著名的不見天街，被迫拆毀走入歷史，並逐步改建為日式現代主義風格建築式樣，造成鹿港傳統建築史上重大浩劫，亦是近代建築取代傳統店屋更迭變化最劇烈的轉捩點。

昭和時期現代主義式樣建築風格簡潔。

　　走在歷史甬道裡可以發現，鹿港昭和時期街屋，僅拆毀清代長條店屋首進，再砌築優雅的日式立面，同時整合設計避雨的亭仔腳結構，讓所有街屋外貌呈現統合的美感，後進則依然保留舊屋格局，讓街屋融合了東、西方精緻的建築風華。

　　日據街屋多數位於中山路，雅致的商店街，全長約1.3公里，它也是昔日鹿港大街，又稱五福街，為鹿港繁華的商業區，南端自五分仔車站綿亙北行，止於天后宮媽祖廟附近，由五段街道組成，有順興、福興、長興、和興、泰興五街，在行政區域調整後，多已成為該地里名，而街道也一躍為鹿港交通、經濟發展的最大動脈。

　　這條老街保存有台灣最具規模的昭和時期現代主義式樣建築，數量不但豐富，而且

中山路舊街騎樓，還能欣賞清代建築風格。

樣貌多元完整，是研究欣賞日式建築文化的懷舊舞臺。

鹿港擁有的昭和時期街屋特色，注重簡潔明朗的立面線條，其建築風格，多以單純幾何圖形變化搭配，揚棄大正時期，巴洛克式繁複藻飾風格，結構外觀也以洗石子和面磚搭配少量紅磚施作，強調返樸歸真精神，和以人為本的簡約實用主義，也為當代建築鋪陳了一份嶄新風格與視野。

日據街屋早期發展，均以二層樓房為主流形式，惟愈靠近商業精華地帶，為展現主人的尊榮財勢，以及獨到創意眼光，便不斷增建為三樓格局，同時強化外觀鑲飾設計，讓建物風格差異性加大，以彰顯大戶的氣派和風範。

欣賞街屋風華，可自山牆和女兒牆的綴飾深入，接著觀察窗櫺、門廊特色，為突顯創意風

夜晚古樸街屋均被五光十色的絢爛霓紅招牌所掩映。

格，常見店面外牆矩窗和圓拱窗，搭配仿希臘、羅馬石柱，或將橢圓窗與洞窗進行不對稱變形設計，加上臨街陽台的欄杆與中英文字圖案和店號綴飾，更彰顯了現代主義式樣建築，獨特的精神和韻味，底層托架柱頭也常有奇特的設計佈局，細膩處更可能代表了整棟樓房珍貴的藝術價值，值得細心品味。

走在中山路上，匆匆而過的遊客，視野總侷限在知名史蹟，若能放慢腳步，仔細瀏覽兩側雅致的昭和式樣街屋，必能提供遊客另一種不同風味的建築文化饗宴。

陽春中藥房也是中山路上知名建築。

莊家連棟街屋在中山路上別具特色。

北頭漁村

北頭漁村，位於天后宮西北方，舊名船仔頭以及燈樓一帶，早年曾以「北頭晚霞」名列鹿港八景之一。

清代中葉北頭漁村，曾是純樸美麗的鄉間聚落，至今雖已歷經無數滄桑歲月，卻依然保存了不少珍貴的傳統漁村建築，值得遊客深入欣賞。

古早的漁村位置，分佈在今東石里、郭厝巷和北頭的巷弄之間，整座村莊受地理環境和空間、氣候因素影響，傳統宅第多櫛比相連，衹留曲折窄巷進出，發揮了獨特防風揖盜的多元功能，充分展現了先民高尚的生活智慧。

走進北頭漁村，當地以奉祀協天大帝的忠義廟和保安宮為中心，附近街肆老舊，田野間遍布紅磚混合土埆搭建的閩南式斑駁三合院，舊街窄巷，牆柱相迫，散發了一股濃郁懷舊的悠然古風；與居民交談後，便可發現當地居民，祖籍多屬福建晉江一帶純樸的黃氏鄉親，依然擁有樸實純真的人文情懷；據耆老回憶，

保安宮為北頭東石，郭厝一帶的宗教信仰中心。

漁村內空屋已被雀榕爬上屋牆，景色奇特。

北頭漁村內古樸低矮的村屋別
具特色。

北頭漁村西側和中山路底交界
處，在民國40年前後，還存在
一座古老燈樓殘跡，可惜隨著都
市計劃實施後，燈樓也和當地傳
統聚落一樣，被逐漸瓦解而走入
歷史。

　　走在後現代的北頭漁村，街
道整齊許多，但路旁巷弄間，仍
可發現倖存的殘破古厝，而人去
樓空的舊宅，則常遭老樹入侵，
形成了厝上有樹的奇妙有趣畫
面；漫步在舊日漁村的老街曲巷
內，蔡氏三合院祖厝，屋背砌有
古意磚柱，以及雅致雕花窗，自
然也常成為遊客和媒體注視焦
點；腳步臨近海浴路，這裡還遺
留一座古樸的廢棄警察哨所，也
為樸實的北頭漁村，劃下了滄桑
的註腳。

背後磚柱是強化古宅避免坍塌
的設計，也是漁家智慧。

臨近海岸的北頭漁村還殘留許
多古老的宅第。

北頭漁村一帶，常見許多已荒
廢的三合院古宅，相當可惜。

古厝之旅

63

民
俗
之
旅

鹿港的節慶活動

　　鹿港是座傳統保守的文化古都，居民對宗教和傳統民俗活動，相當熱衷，也極力支持，這也是鹿港人重視「飲水思源」與「根」的文化發揚。

　　鹿港傳統祭典與民俗活動非常頻繁，祇要細心觀察，便能發現小鎮居民的生活，與宗教及傳統習俗幾乎結為一體，處處流露動人的民俗風貌，規劃鹿港旅遊時，不宜忽略了。

以下依歲時節令依序介紹鹿港動態的民俗之旅：

1.天公生

　　農曆正月初九日，為玉皇大帝聖誕，祂是道教地位最崇高的神祇，民間俗稱「天公生」，這一天居民為了庇佑兒子平安長大，會許願將兒子交給天公作義子，以護佑孩童成長；或因家貧生活困難等因素，也會在天公生日當天許願，以求改善環境，這也是沿襲自泉州的鹿港古風民俗。

神明繞境結束後，必須回到寺廟稟覆上蒼，謂之繳首。

「天公生」又稱小過年，依鹿港古俗，當天即是過年的最後一日，初九之後，過年就算結束了。

這個祭典，一般遊客難得一見，因祭典時間都在子夜時分，即晚上十一點至清晨一點之間，而且都在內進廳堂之上，先將供桌用椅子架高，搭成祭壇，復備五牲供禮及紙糊燈座，上祭天神，最後焚燒天公金，才算完成祭典，是鹿港一個特殊又重要的節日。

2.上元節

農曆正月十五日，又稱元宵節，是俗稱三界公之一的「天」官聖誕，中元節則為七月十五日屬「地」官，下元則為「水」官，聖誕日是農曆十月十五日。

上元節當天除了搓元宵，晚上鹿港各界都會舉辦燈謎大會，鹿港早期燈謎，都具有歷史典故，而且多數以對聯方式出題，極具儒雅文風，謎底經常是一語雙關，別具情趣，自然間接鼓舞了鹿港文化古風，這也是先人獨具創意的智慧。

而「提燈籠」，鹿港習稱「迎古仔燈」，一大群鄰家小孩，

水陸法會時象徵五營神兵天將的紙糊兵馬。

手持紙製燈籠四處夜遊，或調皮地追逐，看誰的「古仔燈」變成「火燒燈」，過程非常溫馨有趣；沒錢買燈籠，也可將鐵罐用鐵釘鑿洞或手持竹火把，也是常見的上元夜熱鬧景象。

3.觀世音菩薩生日

農曆二月十九日，當日龍山寺會舉辦大型法會，信徒和外來香客大量湧至，以前常會有人敬獻野台戲，連演數日，欲罷不能，但在納入國家一級古蹟之後，此景已不復見。

4.上帝公生

農曆三月三日，又稱玄天上帝誕辰，鹿港有很多廟宇都供奉玄天上帝，因此當天各地宴客演戲的地方很多，如頂菜園、廈菜園、烏魚寮……等地。

5.媽祖生

　　農曆三月二十三日，在媽祖誕辰日前後一個月內，是所有從天后宮分靈的媽祖回娘家「進香」的日子，尤其聖誕日前的二個星期裡面，鹿港街上幾乎天天浸潤於熱鬧繽紛的節慶氣氛裡。

6.清明節

　　國曆四月五日，清明節是鹿港人最注重的節日之一，鹿港有句俗諺「清明不回厝無祖」，可見對清明的重視，這也是屬於鹿港人的一種「尋根」活動。

　　當天鹿港居民通常會吃「潤餅」(即春捲)，接著全家大小攜手春遊祭祖，俗稱「挂墓紙」，據說這是沿襲自唐朝習俗。由於鹿港第一公墓缺乏規劃，寬廣雜亂，經常有人從早上找到日落，還找不到自己祖先墓地，祇見四處人潮裡，有隔山大喊，有游走

4月瘋王爺，各地均有大量進香隊伍，其間亦不乏女性抬轎隊伍，突破傳統。

抱怨，也有嬉戲孩童，或默禱誦經……等人生百態，相當有趣。

7.蘇府大王爺聖誕

　　鹿港民間有句俗諺：「三月迎媽祖，四月瘋王爺」這裡指的就是蘇府大王爺聖誕，日期為農曆四月十二日，由於鹿港奉天宮主祀蘇府大王爺，為台灣少見的開基祖廟，分靈出去的王爺廟，都會在這段期間回駕進香，因此大堆頭的表演與蜂擁而至的香客，又令寧靜的鹿港街頭再度沸騰了。

8.端午節

　　農曆五月五日，又稱五月節，當天除了包粽子、取「午時水」、豎雞蛋、戴香包、門上插艾草等習俗外，鹿港都會在端午節前後一周，舉辦包括龍舟競渡

龍舟賽在端陽的鹿港水域掀起一波波高潮。

在内的全國民俗才藝活動，這幾天又將在鹿港街頭掀起另一陣高潮，同時也會舉辦難得一見的龍王祭，是整年度鹿港最熱鬧的節日之一。

9.七娘媽生

農曆七月七日，相傳當天是孩子守護神—七娘媽聖誕，當天除了要拜「床母」即嬰兒神外，還要準備牲禮、胭脂凸粉、紅絲線、圓仔花、一盆清水、鮮花素果，在屋簷下祭拜，同時還要準備一座紙糊的七娘媽亭，祭拜後焚燒，再將一半香粉拋上屋頂、一半自用，以喻和織女共用，能一樣漂亮。

當天鹿港習俗要吃「糖粿」，所謂「糖粿」就是將搓好的「圓仔」中間壓凹一個洞，相傳這個凹洞是織女淚水滴下形成，也有稱是為了盛接織女滴下的淚水，雖然說法不一，但故事依然淒滄美麗，扣人心弦。

10.中元普渡

農曆七月十五日，又稱中元節，也是地官聖誕，早年鹿港相當重視普渡，祭典期間長達一個月，從鹿港流傳的「普渡歌」便

中元節盛大舉行時會造西方之船，這也是佛教普渡的聖船。

營盤地普渡公神位木牌，見證早年鹿港多元的普渡文化。

可見端倪，歌詞如下：初一放水燈，初二普王宮，初三米市街，初四文武廟，初五城隍宮，初六土城，初七七娘生，初八新宮邊，初九興化媽祖宮口，初十港底，十一菜園，十二龍山寺，十

三衙門，十四餓鬼埕，十五舊宮，十六東石，十七郭厝，十八營盤地，十九杉行街，二十後寮仔，二一後車路，二二船仔頭，二三街尾，二四宮後，二五許厝埔，二六牛墟頭，二七安平鎮，二八泊仔寮，二九通港普，三十龜粿店，初一豬砧，初二米粉寮，初三乞食寮，初四乞食甲無「小」。

這歌詞詳盡描述了，以往鹿港繁盛時期隆重盛大的普渡祭典，歌詞裡除了說明當天普渡的角頭，還儘量以押韻方式填詞，更能感受那份親切儒雅，而且充滿愛心的寬闊胸懷。

一邊旅遊，一邊背誦普渡歌，順便認識一些古老地名，也是別有一番情趣。目前鹿港普渡方式，已經簡化，初一小普，七月十五日大普，三十日則為收普，祭典時要豎燈篙，作為引導鬼魂來接受人間普渡的指標，地藏王廟則祭祀紙紮大士爺，相傳大士爺是十方惡鬼統帥，頭頂觀音，是具神鬼同體雙重特性的菩薩。農曆七月三十日收普夜，則由鹿港威靈廟大將爺舉行收庵儀式；隨著祭典簡化，今日節慶氣氛和當年地藏庵開鬼門，大將爺關鬼門的熱鬧盛況，不能同日而

語，尤其十二年一次「字姓普」更是盛況空前，值得期待。

11.中秋節

農曆八月十五日，除了賞月、吃月餅，鹿港還有「觀」掃帚神的習俗，作法是一人垂首閉眼扶一把掃帚，其上點一柱香，不能讓香熄滅，陪觀者持續唸：「掃帚神，圓鈴鈴，飛去山頂挽樹藤，樹藤變掃帚，掃帚變樹神」進行過程中，由於觀者須閉眼，就會有睡著或偷嘗祭品的行為出現，非常有趣。

12.暗訪

這是一項不定期舉行的祭典，每逢街區有人橫死或災厄頻仍時，都會有角頭廟宇起乩，先祭天壇，再由主事的正駕指定陪駕與副駕的廟宇，一般都是選擇

暗訪時八家將也是陣頭主角之一。

較親近的角頭廟宇。暗訪日，當夜幕低垂之際，聯合境內寺廟，代天巡狩鎮內每條大街小巷，同時發平安符，而過境當時，則人手一束清香，沿路祭拜祈求平安，最後，再將巡獲的邪煞，驅送海上或溪流，才完成儀式。

　　暗訪是鹿港流傳已久，一種驅鬼鎮邪的宗教儀式，具有一份神秘色彩，據說當天在街上，有特殊能力者，可見到四處逃竄的鬼魂呢！

13.遶境

　　遶境儀式不定期舉辦，為神明巡狩四方，維護鄉境平安的一個宗教儀式，經常配合廟會或節慶舉行，若逢寺廟安座落成，通常擴大舉行，那時的陣頭和盛況，絕對是難得一見的熱鬧場面。

14.三界公生

　　農曆十月十五日，通稱下元節，亦是水官聖誕節日，和拜天公的祭典類似，也是在子夜時分，設壇祭天，只是勿須使用燈座祭祀。

　　到鹿港旅遊，假如能夠結合民俗節日，再遨遊古蹟，雖然可能遭逢人擠人的熱鬧盛況，相信更能深刻體會，鹿港濃郁的純樸民俗風情。

民俗節慶常有打大陀螺的趣味活動。

送王船常是迎神祭典重頭戲。

民俗之旅

十二庄鎮符

鹿港著名的歲時祭典有頂十二庄鎮符與廈十二庄迎媽祖，廈十二庄屬於福興鄉轄境，而頂十二庄即位於鹿港市區的東郊庄頭。

十二庄包括有脫褲庄、港後、石碑腳、東勢寮、草厝、頂厝、王厝、打鐵厝、白沙屯、許厝埔、橋頭厝、廈厝等，皆屬鹿港東郊的鄉間聚落。

鎮符是鹿港民間極為獨特的一項宗教民俗活動，其作用即是運用儀式進行過程，達到驅邪抑魔，鎮罡止煞目的，而鎮符的執行神明，皆以道教中的王爺千歲為主：

相傳每位王爺在每個角頭皆統御五營的天兵神將，分成東南西北中五個營寨，東營屬青旗由張元帥領軍，為九夷軍，其擁有兵馬數為九千九萬兵；南營為紅旗，蕭元帥領軍，屬八蠻軍，兵馬八千八萬兵；西營為白旗，劉元帥領軍，屬六戎軍，兵馬六千六萬兵；北營為黑旗，連元帥領軍，屬五狄軍，兵馬五千五萬兵；中營為黃旗、李元帥領軍、屬三秦軍，兵馬三千三萬兵。

鎮符儀式，需由王爺決定鎮符時辰，再親駕出巡，循既定路線，在轄內五個角落，以書有鎮符王爺符令的竹節紮入地面，同時襯以紙糊的五營兵馬，並備好供品，由乩童持咒，再以象徵民間毒物的蛇座藤鞭擊打地面，使其發出巨響，以驅走魑魅魍魎，最後焚燒金紙，燃放鞭炮，即完成鎮符儀式。

鎮符是鹿港角頭廟宇的盛事又稱巡營。

石敢當 (辟邪物)

地址：鹿港鎮後車巷27號前

石敢當為民間辟邪物的一種，依民間傳說，石敢當的神力可以壓風、平浪、鎮山、辟邪、鎮罡、止煞，無人能敵。

相傳混沌初開之際，蚩尤興風作浪，黃帝幾乎束手無策，當時女媧娘娘焠煉神石，上鑴「泰山石敢當」字樣，終將蚩尤擒獲。另一傳說謂周朝神明石將軍，為法力無邊之山神，氣盛具凌越東嶽泰山之勢，雄偉有神氣，而衍化之。

石敢當屬宗教自然崇拜之一，其形式為石上鑴刻石敢當三字或泰山石敢當字樣，更崇敬者有增刻獅頭八卦圖，且口銜七星寶劍，令其神力更加廣大，以避凶趨吉。

鹿港民間辟邪物除石敢當之外，有太陽符令、八卦太極圖、照妖鏡、平安符、小瓶、小掃帚、劍牆、鐘馗像、獸牌、朱筆等，人們將辟邪物懸掛屋宇門窗之上，以抵擋邪煞入侵，確保闔家平安：在鹿港古街或古宅的門庭、窗櫺前面，皆可輕易發現它的存在。

石敢當多設置於三叉路直沖處(即所謂路沖)，或巷口、河川、池塘、渡船頭等岸邊與村落入口處，取其石頭的神格威猛，以鎮邪魔，確保平安。

目前鹿港石敢當，僅餘後車巷與民俗文物館內各保存一塊，金盛巷原本也有一塊，可惜道路拓寬後已失去蹤影，當遊客走訪後車巷石敢當之際，無妨留意「石」字上面多了一點，這是為了強化石敢當鎮懾邪魔神力，而為的獨特創意，具有點石成金的力量隱喻，展現了民俗的可愛與趣味。

石敢當具有抑止邪煞作用，石字上頭多了一點，更具鎮懾效果。

甕牆

地址：鹿港鎮中山路108號後院

鹿港自古即是人文薈萃，注重生活品味的古老城市，以喝完的酒罈疊砌作為建築裝飾，也足以反映當時鹿港的富足，以及居民克儉的本性和藝術的涵養。

鹿港著名的古老甕牆，位於和興派出所旁，巷道後院左側；遠望自日據時期改建後的馬背灰瓦上，露出用酒甕砌成的高牆，剛好置於二樓高度，並銜接前後兩棟樓房，外觀設計形態，略似十宜樓跑馬廊，其作用則為樓井圍欄，具有為進深古宅採光的加分效果。

眼前的甕牆共有四排，分成三組，每組五個並立的酒罈，組間以紅色磚柱隔開，遠觀彷如一具大算盤似的，頗富情趣。甕牆分左右兩面，總共用了一百二十個酒罈，數量之多，堪稱全台之冠，無人能出其右。

早期鹿港生活富裕，眾商雲集，商賈巨富經常酬酢夜宴，酒食徵逐，這甕牆需要的大量酒罈，取得絕非難事，相傳日據初期，部分大戶人家害怕日人大肆搜刮，曾將金銀首飾等貴重物品置於甕牆之內，也讓古樸的甕牆，增添神秘更引人遐思。

鹿港昔日有多處甕牆景觀，但隨著房屋傾圮改建，已消失殆盡，僅餘此處與十宜樓下方的甕窗，另有數處為新砌，如鳳山寺前庭左側，與鹿草路口獅子會設置的鹿港文化堡疊—飛獅塑像的基座側面，和具百年歷史的鹿港國小大門旁的甕牆。

甕牆已成為鹿港著名景觀地標。

民俗文物館

地址：鹿港鎮中山路152號

鹿港民俗文物館，當地人習稱「大和」，是日據時期，台灣知名富豪辜顯榮宅邸，獨特的巴洛克式浪漫外觀設計，在當時傳統的鹿港社會，是極盡奢華而亮麗氣派建築，也突顯了當時辜家的榮華與地位。

目前館內收藏有極為豐富的傳統民俗生活文物，大都屬於明、清時期具代表性古物，不論內涵和規模均極具特色，有助於對「臺灣文化」第四期即鹿港期的認識與了解。

大和行是辜顯榮經營貿易的商號名稱，「大和」台語諧音似「大湖」，因此早年在「大和」古厝前，曾挖置一面碩大的魚池，後來因意外頻傳，加以地價飛漲

大和洋樓融合維多利亞式古典風格，絢麗典雅。

大正時期繁複的巴洛可圖案令人目不暇給。

與停車需求，而予以填平，開闢為停車場。

辜家發跡於日據時期，相傳當年台灣割讓時期，日軍艦艇航至鹿港港口，而不知如何上岸，當時正值午後太陽西照，辜顯榮臨海而立觀望日軍入港，由於太陽刺眼，辜氏舉右手置於眉梢阻擋烈日，日軍從望遠鏡看辜氏舉動，以為是對皇軍敬禮，而深受感動，遂於日後極力協助辜家發展貿易，並授與食鹽專賣權，之後陸續投資其他事業，同時從事糖業、樟腦及手工藝品外銷，使

民俗之旅

辜家事業達到如日中天地步。

洋樓於民國八年興建完成，宏偉華麗的外觀，據說是由一位德籍建築師設計督建，氣派恢宏的格局，恰足以襯托出辜家當年的顯赫財勢。辜顯榮於昭和九年即西元一九三四年，被選派為台灣首位「日本貴族院議員」，其敕選慶典便在洋樓會議廳舉行。

民國六十二年，辜氏家族基於維護中華傳統文化理念，同時秉持追思懷古感恩的心境與精神，慨然捐獻全部土地和家具器皿，及所有收藏品，成立鹿港民俗文物館，藉以蒐藏保存古代文物，避免流失，同時透過展示，讓近代年青人也能了解早年的生活方式與風俗民情，也為當年辜家的榮華和地位，作歷史的見證。

民俗文物館分成A、B兩館：A館為洋樓，亦名「大和館」，是區內民俗文物資料主要展示區；B館又稱古風樓，是當年不見天街兩側店屋拆除首進之後，遺留下來傳統磚砌木造的閩南式建築，它完整保留當年建物風貌，同時應用實景實物方式，展示當年鹿港傳統店屋的擺設與裝飾，忠實重現鹿港早年先民的

生活形態。

洋樓建築宏偉瑰麗，建築風格，融合歐洲與維多利亞式的西洋古典造型，加上設計師獨特巧思及變化，當時稱「式樣建築」；它的設計方式，採取中央對稱圖案設計，此設計特點是造型穩重，構造單純卻極富變化，它的中央門額山牆，做成半圓形，中央浮雕流線型的花草，正好與兩側八角塔圓帽狀鱗紋屋頂遙相呼應。

中央門廳入口紅白相間的壁柱，則採複合式設計，壯碩聳立門柱，彷若一柱擎天殿，展現魏峨宏觀的氣派。視線轉移到迴廊柱體，上段圓柱以水泥拉黏方式作成特殊效果，形成視覺上一種分層區隔；洋樓轉角處，則設計了兩座八角形的角樓，高度比中央門廳略低，形成穩重的山型結構，圓帽狀屋頂則冠上鱗紋雕

辜宅正面採對稱的圖案設計。

民俗館庭園內展示的古老產業器具。

飾，頂端再安置一座小石瓶，狀似兩頂皇冠加冕於角樓頂部，展現出另一種古典風情。角樓的八根角柱設計，也極具巧思，柱身下段是二層樓高的角形柱體，上層則是圓柱形態，上下兩柱銜接的柱飾托架，造型酷似古代西洋戰士臉龐，圓睜的雙眼，高踞突沿下方，似乎隨時保持警覺般注意著四方動靜。窗沿間雪白的帶飾和中央門廳屋頂的雕花欄杆，則讓壯麗氣派的建築，增添一絲浪漫。

自大門購票進入園區，寬敞亮麗的庭園間，散置許多石磨、石臼、牛車等昔日傳統生活器具，順著紅磚步道，跨過迂迴曲廊，可至綠樹垂柳的八角亭小憩，透過柳絲縫隙欣賞洋樓建築格局，則另有一番風情。

從洋樓大廳進入展覽室，一樓設置有四間展覽室，分別展示了文獻圖片、服裝佩飾、戲曲樂器和宗教禮俗等文物，蒐藏了早年各種廟會、古蹟及民俗活動的照片文物和各種舊市街模型，以及清末民初時期富貴人家的衣著服飾和精緻的裝飾配件，與精雕細琢的各類戲曲人偶、戲臺、宗教器物等，可完整領略當時鹿港宗教與生活的深厚關係。二樓展

示了辜氏居家生活，古色古香的精緻家具，器皿和書畫、詔書文獻等先人墨寶，會議室牆上掛的「福壽」橫匾，據說是慈禧太后御賜。整個廳堂設計，氣派莊嚴，印證了辜家的豪氣與地位。

古風樓，除了封閉中山路第一進出入口外，仍維持早年古樸樣貌，也保留了採光樓井和一座古色古香的辜家祠堂，以實物展現當年傳統家居生活的風貌。

走一趟民俗文物館，彷彿行過歷史的甬道，早年鹿港先民的生活情形，就像一頁頁泛黃的影像，雖然陳舊，卻又歷久彌新。

辜宅側面中央入口塔樓頂端美麗繽紛的造型綴飾。

鹿港古街史蹟保存區

古街上典雅造型的通氣窗。

鹿港古街史蹟保存區,範圍涵蓋早期港口古街主要路段—埔頭街與瑤林街,是鹿港繁盛時期,碼頭區的主要船務貿易中心。

古街保存區一帶,是清代早期經營商務的大小船頭行集中地,具有獨特歷史地位;「大船頭行」本身便擁有船隊,主要經營較大規模之兩岸貿易,商號大都集中於瑤林街一帶;而「中型

船行」則多聚集在俗稱「暗街仔」的大有街一帶,雖部分船行擁有自己船隻,但絕大多數是依賴航行兩岸間的大船行來從事貿易;「小型船行」為家庭式船戶,大多散布在埔頭街附近,完全依賴中、大型船行協助進貨,來從事貨物經營,讓十八世紀的這條狹窄老街,為小鎮創造了半個世紀的風光歲月,與繁盛奇蹟。隨著鹿港商業蕭條,這條古街,早已呈現年久失修的殘破景象,幸好隨著懷舊尋根熱潮興起,當地居民也終於在八○年代初期達成共識,透過政府完整的規劃,開始執行困難重重的古街全面修繕工程,歷經五年,總算大功告成,讓古街有如浴火鳳凰般,呈現一份嶄新風貌,這也是台灣首次大規模的市街保存計劃,工程極為浩大複雜,最後成果縱有不盡理想之處,但仍值得給予肯定。

古樸木造店屋皆是昔日人來人往的船頭行。

古色古香的古街內少見的合院
式建築。

這項開創性保存古街計劃精神，便是積極保存，這些承襲自清代閩南式店屋特色的建築，以及傳統古老的宅第風貌，讓遊客得以細細品味，這個充滿古意而親切的空間，同時體會昔日繁華喧囂的熱鬧氣氛，與今日的悠閒淡泊；尤當入夜後，戶戶簷下的燈光亮起，那靜謐幽雅的情調和意境，更讓人流連忘返。

沿著清新溫暖的紅磚道，走進古樸舊街，傳統房舍參差錯落，店屋櫛比林立，其立面多用杉板或閩南紅磚為主要建材，入口兩側裝飾亮麗花窗，門楣上方

古街入夜後靜謐優雅的情調意境讓人流連忘返。

則為具悠久歷史的店號或堂號，門板則採堅實的福州杉材，壁面為拆卸式長條杉板，必要時可以拆卸，方便運貨與清洗，這也是先民智慧的展現。走過這段傳統古街，可以發現當地宅第建築，仍以兩層閩南式店屋為主。店屋內部，亦承襲了鹿港大街面窄進深特色，格局通常分為三進，首進多作店面使用，二進則是神明廳，兩進之間均留設挑高樓井，作為採光之用，第三進大多作為起居室，後院則規劃為炊煮的廚房和洗滌空間使用，並留設後門，以供貨物出入使用。

　　古街的興衰，固然代表著鹿港古都從極盛時期的絢爛，復歸於平淡，但在今日懷舊尋根的民俗風潮日熾的年代，鹿港純樸的古意風貌，相信亦能為平靜的小鎮，再度開創另一片璀璨的天空！

古街是鹿港繁盛時期船務貿易中心。

合利商行也是早年古街知名船頭行。

古街裡傳統雅緻的古厝風華。

南管

南管又稱南曲或南音，係指揚子江以南的音樂，盛行於福建泉州仕紳之間，音韻優雅、細膩溫潤且含蓄內斂，情愫無限，當初曾為康熙皇帝欣賞，受邀至殿內演奏，獲頒賜御前清曲之名，再賜彩傘宮燈，以示榮寵，故今日南管正式演奏時，皆有彩傘宮燈侍側。

南管主要演奏樂器有洞簫、二絃、三絃、琵琶、拍板等，頗具古典清雅之韻，以樂曲演奏為主。但罕見的南管戲劇，更是精美絕倫、精緻典雅，其樂曲音潤而軟，詞曲優美深受文人墨客喜愛。鹿港早期仍有南管戲劇團體，可惜在歲月洪流衝擊下，早已解散。

目前鹿港僅存的兩個南管團體，分別是聚英社和雅正齋。雅正齋位於昔日廈郊會館的老人會現址，夜夜絃音不輟，而位於龍山寺側廂的聚英社，更經常舉辦南樂薪傳研習，同時配合民俗采風活動，舉辦南管戲曲公演，就近在龍山寺戲埕之上，由老中青三代輪流合奏，以娛佳賓。讓遊客在欣賞精工雕琢的龍山寺古蹟之餘，耳畔同時徜徉在恍如仙樂飄飄的情境之中，更是人生一大享受。

節慶時常利用龍山寺戲亭作南管表演。

鹿港

隘門與械鬥【縣定古蹟】

隘門是早期鹿港繁華市街裡，不甚協調的獨特產物，卻也是清代中葉，庶民自保的重要設計；這是肇因當年鹿港富裕繁榮，頓成盜匪覬覦的目標，加上省籍情結，經常發生械鬥，治安欠佳，為了保障生命財產安全，祇好在適當的範圍，設置隘門緝盜自保，致當時鹿港的大街小巷，佈滿各式各樣的隘門。數量最高達70餘座。

鹿港有句諺語：「怙惡不過隘門。」即是說明當初械鬥頻仍，但每次發生爭鬥糾紛，只要逃入自家隘門內，對方就不敢繼續追趕，藉此也消弭了不少械鬥傷害，因此隘門與械鬥，可以說具有積極的因果關係。

早期造成械鬥的原因不外乎下列四個因素：一、區域意識，二、金錢糾紛，三、土地糾紛，四、生活困頓等，其中以區域意識引起的械鬥最為嚴重，動輒造成數百人員傷亡，自乾隆四十七年至道光二十四年間，至少發生四次大規模械鬥，其中有閩粵械鬥，也有漳泉械鬥。

最後更由械鬥延伸出一項鹿港獨具的民俗活動——對陣投石戰。活動地點選在佈滿卵石的鹿港溪畔，於清明前後十日舉行，分施黃許三個鹿港大宗族為一區，其他姓氏為另一區，兩邊各以溪畔石頭

紅磚石板建構的隘門，仍留下昔日門板栓孔。

隘門已成爲鹿港知名景點。

後車巷有目前鹿港僅存的巷道隘門。

互擲，以驅邪洩憤，由於此項民俗活動經常造成傷害，於是在宣統二年左右遭明令廢止。

隘門依設置區域環境，而有不同名稱，(一)境界隘門，為市區與外界之間設置的大型隘門，其功能即代替早年城樓，方便防禦外敵入侵。(二)柵欄隘門，嚴格來說它並不算隘門，而僅用來界定領域。(三)巷道隘門，在後街尾、金盛巷與後車巷目前僅存的隘門皆屬此類。(四)聚落隘門，設立在宗族聚落外側，範圍內各家皆留有巷路，可互相穿堂而行，夜晚不閉戶，僅將隘門關閉上門，即形成一座封閉空間。

鹿港僅存隘門，位於後車巷內，始建於清道光十年，可惜在民初曾遭拆除，再原地重建，古蹟價值頓失，位於菜園路的聚落隘門，也多經重修，不易辨認。

菜園里黃氏聚落隘門。

查某旦

　　查某旦，位於鹿港鎮東郊詔安里某旦巷一帶，早期為平埔族番地，清代初葉，才有福建詔安縣人移墾，當地民風純樸，居民以務農為主；據當地耆老描述，查某旦地名由來，係百餘年前，此地輪值祭典舉行拜拜，依例都會演戲酬神，有次開演在即，可是當時戲班內，飾小旦女子，卻正巧身體不適，無法演出，兩難之際，幸好有當地女子自告奮勇，登台扮演女旦角色，始告解圍，事經傳出，鄰近居民逐改稱此聚落為查某旦，而流傳至今。

　　查某旦的田園風光，相當迷人，常見一畦畦方整田野裡，鋪上了飽滿的金黃稻穗，菜圃裡則是一片醉人的油綠，田埂間，兀立的防風樹屏，枝椏蔥蘢，花兒交錯，到處可見斑駁懷舊的三合院農舍，孤矗園中，背倚濃密莿竹林，與亮麗黃槿綠蔭，前迎清清小溪潺潺而過，尤其夏日午後，欣賞迷人的炊煙夕陽，伴著高飛的家燕，空氣裡，飄散著一股濃

查某旦地名由來，有段戲班的傳奇故事。

濃的稻草香，充滿了樸拙濃郁鄉情，最是令人難忘。

拜訪查某旦聚落，可搭經頂番婆往彰化方向的彰化客運班車，在學子站下車，再往前步行經新興國小邊的田埂小徑，漫步欣賞秀麗的田園風光，約十分鐘即抵查某旦，村內仍保存有舊式三合院建築，細心觀察，還可尋獲早期的土埆古厝呢！

傳統粗俗與真實浪漫地名，在鹿港發展史上，同時扮演著相當重要角色，也因此雖如摸乳巷、脫褲庄等粗俗，卻又親切具象的地名，亦能夠和文雅的十宜樓與桂花巷，並行存在於這個人文薈萃的文化重鎮裡頭。

查某旦千歲廟辟邪的鎮符紙上便有查某旦地名。

查某旦附近遺留許多小型土地公廟。

脫褲庄

脫褲庄，位於鹿港鎮後港里，是一處典型的農家聚落，早年當地居民，自市區要返回家園時，需經過湍急的灌溉渠道，由於雨後溪水經常氾濫高漲，且夾雜泥砂，加以當時居民生活清苦，較為體面的外出衣物，僅有一套，基於保護衣褲不被溪水浸污，祇得脫掉長褲，涉水而過，久而久之，該村落即被戲稱為脫褲庄。

隨著歲月流逝，那條讓人望溪脫褲的小溪，已遭淤砂填平，貫穿村境的水源，也由水利會規劃的交錯渠道取代，近日前往，僅能自萬頃的田疇間，遙思當年提褲渡溪影像，同時欣賞萋萋良田，阡陌相連的田野美景。

脫褲庄黃昏時施肥的農家青年。

探訪傳奇的脫褲庄鄉情，可自鹿港搭經頂番婆的彰客班車，在舊港巷站下車，循著新鋪柏油路面，踽踽前行，路旁新穎豪華的別墅群，已逐漸取代老舊農舍，幸好小段跋涉，畫面即迅速轉變為自然純樸的農村景象，約十分鐘便抵脫褲庄，續行不久抵一條東西向水利渠道，直行可轉進顏厝、海埔，銜接崙尾海堤，欣賞迷人的海岸風光；取右行半小時可訪查某旦聚落，以及南勢社區榕園風情；左轉四十分鐘，則得以取道台17線濱海公路，返回鹿港。

脫褲庄擁有阡陌相連翠綠的田園美景。

桂花巷

桂花巷，位於鹿港傳統古街之間，銜接埔頭街與後車巷，但這段不起眼的狹小胡同，卻流傳著一件纏綿悱惻的愛情故事，令人動容。

時光回到清代初葉，正是鹿港全盛時期，當時飛帆競渡，舟車輻輳，煙火萬家，市街繁華，商人熙來攘往，好不熱鬧；當年後車巷是鹿港著名的煙花街，也是到處奔波，疲憊不堪的商旅豪客，作樂尋歡的溫柔鄉，其間一位美麗姑娘，藝名桂花，因家境清寒，淪入風塵，初次執壺，即遇見來台經商的大陸商人，其翩翩風采和體貼入微的伺候，令雙方不禁深墜情網，可惜造化弄人，商人在返台途中，於凶險的黑海溝，不幸遭逢暴風雨，人船遭難，而桂花猶不知，獨守巷內空屋，最後抑鬱而終；居民在獲知這段感人軼事後，便暱稱此巷為桂花巷。

桂花巷即位於現今埔頭街西側巷弄之間，屬古街保存區範圍，巷內斑駁牆壁上，常見居民註記「桂花巷」地名，遊客不易錯過，可於走訪埔頭舊市街時，順道探訪。

早年桂花巷曾流傳一則動人的愛情故事。

後車巷

後車巷是昔日鹿港商業繁盛時期，著名的煙花巷，地理環境緊臨大小船頭行林立的古街東側，和桂花巷、餓鬼埕毗鄰而居，為離鄉背井的羅漢腳和搬貨苦力，閑暇時，尋歡作樂場所。

前人便曾留傳一首閩南語古韻短詩，貼切真實的描述了當年煙花巷的醉人情境，詩云：「幾處柴門半掩開，遊人陣陣地徘徊，煙花三月後車路，新貨搬自草厝來。」

隨著滄海桑田變化，鹿港商業沒落了，而這條昔日充滿了鶯聲燕語的聲色舊街，早已人去樓空，祇留下一則則精彩動人的傳奇故事，成為當地居民茶餘飯後的趣味話題，以及一座見證「怙惡不過隘門」的樟泉械鬥史蹟－－巷道隘門，為鹿港濃郁的人文色彩，增添逸趣丰采。

磚瓦疊砌花窗，相當具有巧思和創意。

古意斑駁的後車巷記錄了不少早年的悲歡歷史。

門迎後車隘門，便是著名後車巷隘門。

頂番婆

頂番婆,位於鹿港東部邊陲地帶,即現在的頂番里,早期以務農為主,目前已成給水銅器的代工重鎮,聚落沿著洋仔厝溪兩岸發展,由於地理位置已接近彰化市區,故人口聚集者眾,惟它的西側,仍為充滿傳統鄉間風情的稻畦菜園,景色秀麗。

頂番婆地名由來,當地有數種說法;其一為:早期農業社會,聚落居民多以族親家屬為主,祇要有任何陌生人進入,都會惹人注意,更何況是一位外國女孩;相傳當地一位地主,其子赴府城經商,在當地邂逅一位美麗的金髮美女,兩人一見鍾情,隨後攜該女返回聚落小住數日,表明欲娶其為妻,在當時保守的農業社會,此舉自然令家族長輩群情嘩然,引起不小爭端,最後

頂番婆聚落的現代印象。

當然不被允許,女孩祇好默然離去,祇留下番婆庄地名。

另一傳說,則謂當地大姓為潘,家族勢力龐大,由於當年居民多平埔族,受母系社會影響下,女人皆屬強勢,又掌大權,欠缺女性似水柔情,便將潘姓的水部去掉,而稱其為番婆庄。

但根據田野調查,今頂番婆、草港一帶,荷據以前,為平埔族馬芝遴社巴布薩群居住地,而早年平埔族多為母系社會,而被漢族稱為番婆社而得名,則是較合理推斷。

古砲台是日治前後產物,如今已不多見。

頂番婆附近小巧可愛的情人橋。

鹿港

摸乳巷

地址：鹿港鎮菜園路40號旁

摸乳巷是鹿港最著名景點，以摸乳巷一片馳名。

　　早期摸乳巷，是處名不見經傳的地方，本來祇是一條俗稱後壁溝仔通往頭前街仔(菜園路)的排水渠道，復經覆蓋閩南薄磚後，始成連通兩街的狹隘巷道。

　　摸乳巷全長約一百公尺，最窄處不及七十公分，兩側店屋的高牆狹峙，宛若一線天，陽光不到午后難以穿透，致巷道裡面，經常維持一份清爽靜謐的情境，它正是筆者出生的祖厝進出長巷，也是幼時白天攀牆嬉戲，夜晚疾行驚悸的窄巷。

　　其實令摸乳巷聲名大躁，主要是七十年代一部電影，片名即稱摸乳巷，接著適逢鹿港民俗采風盛行，摸乳巷順理成章被規劃為觀光據點，而原本崎嶇凌亂的舊街溝渠，也換上了新式紅磚道，雖多了一片平整與美觀，卻也同時失去了昔日風貌，復因名稱不雅，又被改稱君子巷，但遊客仍好以摸乳巷相稱，以突顯此窄巷的罕見和獨特。

　　昔日自摸乳巷進出，至少有三戶人家，其中以目前僅存較完整的黃家祖厝興築最早，已逾百年歷史，屋內以唐山杉木作為建材，並以灰泥和竹籬為牆面，廳井地面則覆上泉州石和閩南磚，徒留一份懷舊的美感，而另兩戶早已人去樓空，房屋頹壞破落，祇餘殘基，讓人緬懷昔日風情。

　　在古樸的窄巷裡，一道道斑駁的閩南磚牆，掩映在一叢叢翠綠的蔓藤樹影中，散發出另一種自然與人文和諧的美感，令人流連忘返。

遭受風化侵蝕的摸乳巷內紅磚牆。

但美中不足，是巷內風化磚牆，迭遭遊客用立可白無情地塗鴉，而乏人照料的磚牆，尤其南側矮牆，已明顯可見向內傾斜，而有傾圮可能，若你尚未體驗過男女在窄巷中，正面交會擦身而過的那分暖昧與尷尬情境，除了想像之外，心動不如行動，趁早一遊，領略一下它的情境與獨特。

摸乳巷旁鹿港古老木板閣樓，可能是早年菸樓遺跡，極為罕見。

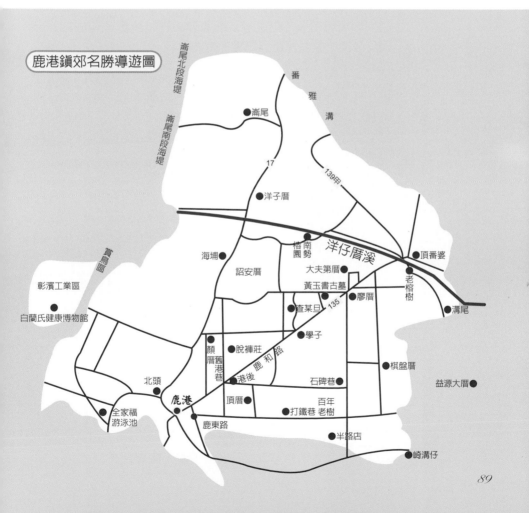

鹿港鎮郊名勝導遊圖

番雅溝

崙尾北段海堤

崙尾南段海堤

崙尾

17

139甲

洋子厝

菁鳥區

海埔

榕南團勢

洋仔厝溪

頂番婆

彰濱工業區

詔安厝

大夫第厝

老榕樹

白蘭氏健康博物館

黃玉書古墓

廖厝

溝尾

查某旦

135

學子

顏厝舊港巷

脫褲莊

棋盤厝

益源大厝

北頭

港後

石碑巷

鹿和路

頂厝

百年打鐵巷 老樹

鹿港

全家福游泳池

鹿東路

半路店

崎溝仔

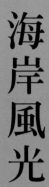

海岸風光

鹿港海岸之美

　　鹿港小鎮，昔日曾是純樸漁村，也是盛極一時的商港古城，雖然歷經無數的滄桑歲月，仍保存了許多珍貴的漁村人文建築與美麗的海岸風光，值得遊客深入體會與欣賞。

　　古鹿港漁村，位在今媽祖廟的西、北兩側，四周老街窄巷，柱牆緊迫，紅磚搭建之閩南式進落與三合院房舍，櫛比林立，依然保持昔日避風阻砂防盜的曲巷特色，只是隨著都市計劃實施，傳統漁村風貌，已漸漸消失了；目前走在東石、郭厝巷街頭，仍能發現古老漁村裡，少數造型樸拙的古厝和老街，默默流露出獨特的滄桑風情。

　　穿過漁村，走經中山路尾端，與復興南路叉路口，此處曾是早年鹿港燈樓所在地；可惜已遭拆除殆盡，未留下一絲痕跡，祇徒留遺址，提供過往旅客憑弔。

陽光下的海岸，不必揮竿也美景處處，樂趣無窮。

海岸泥灘抓花跳，螃蟹是鹿港童年最好玩的事。

　　循中山路盡頭，轉鹿西路往海岸方向，走進昔日鹽埕水域，附近於日據時期，設有簡易飛機起降場，作為轟炸內山飛機起降基地；隨著鹽埕廢棄之後，由於附近土壤含鹽量高，加上常年強風飛沙肆虐，農作物難以生長，大多已成廢棄荒田，任野草滋生，形成一波波綠色草浪，以及地盤下陷後形成的一窪窪水潭。其間最突出建物，便是中央電台巨型微波鐵塔，巍峨聳立於地平線之上。

　　據居住北頭泉州街，早年曾擔任曬鹽工作的黃姓居民表示，鹿港鹽埕昔日生產的海鹽是品質最佳的食用鹽，日據時期，皆銷往日本國內；而曬鹽的池子，當時若未廢棄，今日已成國家級古蹟，因鹿港鹽池底層是採用現代赤煉土，混合甕缸陶瓷碎片，細心舖設而成；曬鹽流程，首先將鹹度3°～4°的海水引入第一池，一般分成四窟二十四格左右，經過陽光曝曬後，待水分降低而鹹度升高至11°～12°左右，再用水車打入第二池中，經過另一道露缸程序，鹹度上升至18°，接著引入磚仔坪，經適當陽光與風襲作用呈現結晶，即可收成；據指出，早年鹿港工藝家，曾將曬鹽過程製作模型，目前收藏於天后宮之內，從精緻模型裡，即可瞭解傳統製造海鹽的方法與流程。

　　鹿港海岸線，除了一望無際的平疇綠野，還可發現綴飾著一方方的魚池，在陽光下泛著閃亮銀光，扮演著鹿港海岸的另一種風情，早年鰻魚外銷熱絡，鹿港也是鰻魚養殖重鎮，漁池一窪窪地挖設，可惜好景不常，後續經營者祇得紛紛改弦易轍，飼養深海魚類、烏魚、赤翅等，提供觀賞與垂釣之用。當你走過鹿港境內的濱海公路沿線，便可輕易發現方整的魚池和海釣場，幾乎已成鹿港沿海的一項特殊景觀。

　　除了多元的人文景觀之外，

鹿港海岸的自然生態，也吸引了不少旅人腳步，沿岸的防風林和沙洲、池畔，以及臨海泥灘均擁有豐富的生命力，不論水鳥、候鳥、招潮蟹、海蟑螂、花跳、魚群，都扮演著知性的動態風情。

沿海常見的生態植物，銀合歡、馬鞍藤、朱槿、水黃皮、木槿、野桐、咸豐草、構樹、黃槿、銳葉牽牛、木麻黃和馬纓丹等抗旱植被，則為單調的海景，披上了繽紛色彩；而點綴淺灘離岸間的蚵棚和舢板膠筏，則為近海漁民和採蚵人家，提供了居家溫飽與生計所需，當然也融入這巨幅寫實的海景之中。

鹿港的海岸風情，不論晨昏都洋溢一份動人風采，令人沈醉；不妨佇立堤岸，呼吸那微帶鹹味的空氣，聆聽氣勢軒昂的海濤拍岸及水鳥爭鳴；尤其黃昏之際，大地一片沈寂，唯有裂帛似

鹿港濱海工業區內設有白蘭氏健康博物館。

往崙尾海堤宜從福崙宮旁前往較為便利。

風浪板是鹿港海域新興運動。

突出的海波堤也是下竿的好地方。

的風聲，盈耳吹襲；當夕陽逐漸落入海平線，銀色月光揮灑而下，堤岸搖曳的野花和寂靜沙灘上，隱隱地泛上了點點銀光，那份浪漫與溫馨，總讓人心醉，而久久不忍離去。

鹿港海岸釣場

鹿港迤邐的海岸，自北端番雅溝出海口，南迄鹿港溪(或稱福鹿溪、新溝)北段海堤，海岸線蜿蜒逾十公里，沿線許多釣場，漁獲數量多，體型也不錯，是中部地區的海釣樂園。漁獲種類依季節特性稍有不同，大略有烏格、花身、赤翅、春子、黑雕、帕頭仔、烏魚、白帶魚、石斑等，釣法則簡單區分為浮標和沈底釣法為主。

鹿港西部海岸線，離岸百公尺之內，幾乎都是泥灘地質，此特殊地形，在以礁岩、砂礫為主的世界各國海灘特質，也是一項稀有珍貴的天然資產，若在退潮的黃昏時刻前來，脫鞋走上濕滑的泥灘，驚喜追逐滿佈的招潮蟹與花跳，或赤腳逐著涼冽的碎浪，望著火紅的夕陽餘暉，彩霞滿天，那分稚情和美感，祇能親臨體會。

昔日可以輕易走下海灘，釣魚頂多翻一道低矮土堤即可，但目前沿海堤岸幾乎都是搬運岩塊填海築造，形成良好的人工魚礁，海岸線則多以水泥消波塊築成防波堤，建構出一片單調生硬的人工釣魚環境。

西濱海岸旁寬闊養殖池，是近海養殖漁民經濟來源，風情無限。

海岸風光

自天后宮香客大樓可遠眺海岸風光。

雖然如此,但西部沿海漲退潮落差大,自然形成一個潮間帶,成為迴流魚群覓食的餐廳,潮退後,魚群自然集中在沿岸較深的海溝,當然也成為垂釣者的天堂。

鹿港海岸常見的釣魚方式,以灘釣拋竿或手竿揮釣為主,若三五好友結伴,則不妨租艘船筏,進行近海筏釣,可享受不同的釣魚風情。筏釣行情依時間、設備、航程不同,每人約一千～三千元不等。

裝備使用也依涉水釣、岸釣、灘釣、筏釣而有些差異,個人可參酌攜帶,像涉水褲、救生衣、膠鞋或止滑鞋、隨身背袋、魚簍、點心、飲水……等。

海釣過程中安全守則,也必須熟記,同時留意天候變化和潮水漲退,陽光、雷殛的傷害防範;防滑、防寒裝備也是不可或缺,不貪釣知進退更是維護安全的重要一環。

鹿港海岸釣場可說是垂釣者的天堂樂園,有四條路線可以駕車前往,自南而南北,分別是鹿港溝海堤、彰濱工業區、洋子厝

竹筏是鹿港近海漁民作業工具，獨特拙樸之美。

海堤、崙尾海堤。

　　自鹿港市區，取道媽祖廟前中山路直行，不久遇叉路右側可接17號省道，直行，在省立鹿港高中前叉路，取右走鹿西路，穿過一排新建透天新厝，越濱海省道直行，見前面路盡處，循左右方向皆可走至海邊堤岸下竿；往彰濱工業區釣場，則宜自海浴路接17號省道後左轉西行，經鹿工路直奔彰濱工業區；或循17號省道北上約四公里，過洋子厝溪，左轉新鋪柏油路至盡頭，再步行進入堤岸；由堤岸北行可至崙尾北堤，亦可再趨車在省道三十一公里附近，左轉崙尾社區，經福崙宮排水堤岸道路，約三公里，便可抵達崙尾簡易漁港前海灘揮竿。

美麗的黃昏海岸總叫遊人流連忘返。

蘭馨齋和同德發均是文化局推薦的手工藝傳統店家。

　　清代鹿港是台灣第二貿易港，人煙稠密，商業繁盛，生活水準不低，相對於各種手工藝品質要求，自然較為講究：在高度需求下，大陸傳統的手工技藝，便得以在鹿港落地生根，並持續傳承，進而演化為具有泉州色彩的鹿港式樣手工藝，並據此聞名全台。

　　早年鹿港手工藝發展，著重於宗教器皿和生活器具兩大類，但隨著生活水準提升，手工藝術精品需求，日益殷切，也讓鹿港手工藝發展，邁向嶄新里程碑。

　　神轎、佛像雕刻和錫雕、線香製作，是近年鹿港最具傳統特色的宗教性手工藝品，這和鹿港居民對宗教的虔敬，以及獨特的鹿港寺廟文化，有密不可分的關係。神轎是神明遶境、進香過程裡，神明暫居的肩輿，一般劃分為文轎和武轎，其主要差異是武轎多沒有轎頂，而且雕飾較素雅威嚴，另有一款鳳輦和手轎兩者裝飾雕工形態，更有天壤之別，鳳輦的內外雕刻極盡華麗之能事，但手轎則是小巧素淨，幾乎沒甚麼雕飾，多提供於神明巡狩時使用。

　　鹿港佛像雕刻，手工精緻，依然保存傳統雕刻手法和風格，其作品神韻自然，儀態莊嚴，無論文神武將，都能恰如其份地展露其特有姿態，同時還提供開光點眼服務，以及神像安座等傳統儀式的說明與協助，因此深受各地信徒歡迎。鹿港著名雕刻大師有李松林、李秉圭等數名。

鹿港錫雕

鹿港錫雕藝術的代表人物，是曾獲薪傳獎的錫雕大師陳萬能先生，現今在鹿港龍山寺對面，自營「萬能錫舖」，數十年奉獻於傳統宗教器皿製作，如紅柑燈、爵器、香爐、花瓶、燭臺等，造型古樸典雅，深受當地居民喜愛。

為維護及傳承錫藝技術，陳萬能先生積極勤奮，不斷創新突破，加上個人對藝術的精深造詣，終將錫藝的風貌，推展至更高的藝術領域，也期望將來有機會，將錫雕藝術推展到國際舞臺。

猴年錫雕，象徵「封侯」的錫雕作品。

錫雕大師陳萬能得意的藝術創作—八仙。

鹿港

線香

線香是人神之間溝通的橋樑，民間常見家運亨通者，謙稱是「前世燒好香」所帶來的結果，可見香火在當年農業社會，所扮演對神靈的祈求和感應之積極角色。

一般人相信，祇要點香祝禱天地，神明將會聞香而至，接受信徒傳達的訊息，並上通天庭，因此燒香，便成了拜佛祈福的直接管道。

線香基本上，可分成拜祀神佛用的長香，以貢香、長壽香、烏沈香、檀香為主；另一類則是祭祖用的短香，製香原料以竹籤浸過粘著劑，再依線香種類均勻鋪上一層香粉，材料包括檀香、沈香、丁香、龍香、牡丹皮、大茴……等，再將香腳染色上金粉即成。

金玉香鋪是鹿港知名的老店。

琳琅滿目的線香是傳達信徒訊息的祈福管道。

好的線香散發濃郁而不嗆鼻的香氣，點燃之後煙味溫和仍具微香。鹿港線香製作，大致仍保持傳統古法精製，原料也多半沿襲祖傳秘方，在興安宮附近的興化街、杉行街一帶，經常可見一綑綑線香在陽光下曝曬，在公正街往摸乳巷附近，有一家黃聯春香鋪，也是手工製香的老字號，不妨留意一下。

染色後的香腳必須曬乾後再進一步加工。

紙扇和草帽

紙扇和草帽編織則是光復初期才大規模製造的手工藝品,也是當年婦女在家庭代工的主要經濟來源。目前俗稱「打笠」的編織草帽手藝,在鹿港街頭已難尋覓傳人;但紙扇工藝在民俗風日熾的今日,幸運的延續下來,目前在天后宮與文開路附近,依然可以看到造型典雅的各式紙扇,陳列於手工藝品店內。傳統紙扇大師,以陳朝宗先生為代表。

麵雕

麵雕即俗稱的捏麵人,為早年節慶時,用搓「湯圓」剩下的糯米團捏成的童玩,小時候常見造型,通常都捏成雞、狗、魚類等動物形態,而暱稱「雞母狗仔」,顏色僅使用單純紅、白兩色,玩夠了還可以烤來吃,那種淡淡的香氣,也真令人垂涎,。

隨著民俗發展,捏麵人登上商業舞台,不祇用色增加,色彩鮮麗,造型也千變萬化,從歷史人物、動物到目前流行的卡通人偶,琳瑯滿目,應有盡有。

製作捏麵人的工具非常簡單,除了原料麵糰,就只有一隻剪刀和帶尖尾的梳子及靈巧的雙手。首先將需要的各色麵糰,揉捏搓成需要的形狀,再逐一用剪刀、梳齒、尾尖,加以雕形修飾,即成栩栩如生的傳統童玩。居住於鹿港古街的施教鏞先生,便是目前這行的佼佼者。

俗稱「雞母狗仔」的捏麵人供品,變化無窮充滿趣味。

捏麵人手工藝精巧,作品設計,均會隨著潮流改變。

打鐵舖、竹蒸籠

後車巷內製作蒸籠的師傅，正專心選材。

「打鐵舖」亦是鹿港早年熱門的手工藝坊，祇是隨著工業水準提升，當年守著熱烘烘鐵爐，推動呼呼作響的風管，在鐵砧上，兩人奮力搥打，迸出點點火花的景象，已不復見。鹿港目前還存在有打鐵厝這個地名，亦可想見當年盛況。

而竹編的畚箕、竹蓆、桌櫥生活器具，也是早年鎮內著名手工藝品，德興街便是舊時的竹蔑街，目前在市場邊的後車巷裡，仍有以竹藤混編，手工製作的蒸籠舖，在走訪石敢當與鶴棲別墅之餘，不妨順道一探究竟。

以往節慶期間，最吸引小孩的一項玩意，除捏麵人之外，還有畫糖人，祇需將麥芽、砂糖混合燒熱成濃稠適度的糖漿，隨著靈巧的手技及竹籤，將糖漿倒置於銅片上面，適意地點戳，瞬間即成好吃又好玩的動物糖雕，神奇又有趣。

目前彰鹿路和中山路至天后宮一帶，依然存在不少傳統手工藝品店，有興趣的遊客，不妨安步當車，仔細尋寶也許能帶給你更多驚喜。

鐵匠工藝早年鹿港技術獨尊，曾有庄名稱為打鐵，目前車埕附近仍有零星商家。

巧昕立體繡

鹿港古都在長期文化薰陶下，鎮內人林濟濟，可謂臥虎藏龍之地，巾幗更是不讓鬚眉，巧昕立體繡負責人許陳春，便是箇中翹楚。

刺繡，是中國傳統藝術，尤其漢唐盛世，物阜民康，生活衣飾趨向精緻華麗，對刺繡工藝發展，產生了推波助瀾效果，無形中帶動了一股流行風潮，也提昇了刺繡的技術層次。

在風潮帶領下，原本侷限於宮廷縉紳間流傳的刺繡藝術，便順勢傳至民間，深入庶民日常生活裡，舉凡衣飾、被褥、屏簾以迄宗教用品，常見的八仙綵、桌裙、旗扇、燈籠等、包羅萬象，應有盡有，將刺繡藝術發揮得淋漓盡致。

三吋金蓮刺繡也是許陳春得意作品。

曾獲得民族工藝獎的立體繡名家許陳春，刺繡的專注神情。

立體繡，便是演化自中國傳統刺繡技藝精華。作品跳脫了傳統單純的平面浮繡風格，轉向一個更具體的實物形態表現，將刺繡藝術推上了另一層極致境界。

這門獨一無二的頂尖立體繡創作者表示，其創作靈感，源自於早年長期浸淫於家族錫藝，耳濡目染下，偶然觸發，作品主題涵蓋了吉祥花果動物圖案，八仙人物、四獸的祥龍、麒麟和藍腹鷴，均是其得意作品，此外獨具情趣的古典肚兜、三吋金蓮、樸拙的十二生肖香包，也都在許陳春的精湛巧手，拈針引線下，化為栩栩如生的藝術珍品，令人嘆為觀止；也是彰化縣文化局推薦的重點文化產業。

近日巧昕立體繡，將遷往四維路重新出發，為這項獨特文化產業，持續創造嶄新的發展契機。

手工藝巡禮

袖珍工房

袖珍工房是鹿港街上,一家深具特色的工藝創作坊,國內著名的袖珍藝術博物館,內部收藏的首件東方作品「鹿港神明廳」,便出自於袖珍工房負責人蔡旺達的精湛巧藝。

袖珍藝術,蘊涵人類童心未泯的純真意境,主題溫馨浪漫,釋放出豐富的文化生命,屬於國內方興未艾的一項創作主題。

雖然考據不易,但根據考古研究,在古文明的埃及和中國出土的器皿上,早已發現有袖珍藝術存在,在近代歐美國家,更已隨文明演進,風行了數個世紀之久。

這項精巧有趣的手工藝術,歐美居民暱稱為「娃娃屋」,是貴族時代常見的收藏品和兒童玩具;它典藏了具有時代特質,金碧輝煌的城堡宮殿和別墅小屋,以及精緻的客廳、臥室……等,早年透過饋贈交流,除了蒐藏裝飾功能外,自然也有炫耀財勢目的,這或許是袖珍藝術的古老價值。

隨著歲月巨輪流逝,手工藝快速發展,袖珍藝術,亦轉化為

袖珍工房鹿港傳統客廳作品格局嚴謹。

袖珍工房的新作「中藥房」十分傳神，令人激賞。

單純的藝術創作領域，並演繹出更適合親子交流的互動空間，自然為該項藝術，創造出極為崇高的藝術地位，和實用價值。

　　店內展示的袖珍作品，玲瑯滿目，每件作品皆依實際尺村，縮製十二分之一，但不論結構和材質、紋路圖案、皆力求接近實物，讓人感受豐腴的創作生命。

　　袖珍工房陳列的蔡旺達作品，包含以鹿港中山路古老的陽春中藥房為藍本的「中藥房」和「神明廳」，以及不同主題的單品和典雅桌椅、蛋糕屋、書房、咖啡店與溫馨小築、樂器……等，每件作品皆極具巧思，造形典雅可愛，也是早期國內，唯一以傳統題材創作的袖珍藝術工作者。

　　袖珍藝術創作，精巧繁複，需透過實物精確測量、攝影、描繪、再動手製作，並嚴守比例原則，通常完成一件作品，自構思至結束，可能耗時數月，甚至長達一年之久。

　　袖珍小品擁有深度的藝術生命和價值，也常扮演親子交流的絕妙角色，祇需備齊鑷、剪和接合用具，便能輕易為個人打造一座，適合編織快樂浪漫的夢幻城堡，為自己創造滿足與幸福。

袖珍工房店主蔡旺達專心工作的神情。

袖珍工房內的縮小珍品適合DIY組合。

鹿港燒

鹿港燒典雅的工作室外觀。

鹿港燒，是中台灣近代流行的時尚陶藝，作品蘊涵了濃郁的新現代美學，隱約散發出在地人生活上悠然味道，以及對土地生命的摯情抒放，這獨特陶燒風格，便來自鹿港陶藝名家施性輝獨一無二的心血創作。

鹿港燒製作繁複，將自然和手捏陶的樸質美感具體呈現，並且巧妙應用大自然物質燃燒後的餘燼，才能大膽創作出大地無價的藝術生命。

施性輝闡釋這釉色溫潤、觸感極優的現代陶，其創意靈感，便緣自八卦山鹿港燒形成法，每一件皆是個性風華獨具的單一精品，作品背後，自然注入了創作者認真內斂的人生淬礪，所轉化的極致美學，值得細細品味。

細觀施性輝創作的五大系列鹿港燒，無論綺疏青瑣、圖騰再生系列、或無常、苦瓜釉茶碗和金滴盤陶燒的超現代風格，均刻意流露一份樸拙純真的美學自信，隱然浮現穿越時空的感動，令人動容。

鹿港燒工作室外牆，極具的陶質浮雕。

鹿港燒陶藝館位於龍山寺南側，外觀融合現代和傳統建築內涵，靈活應用形、色和線條鑲飾的創意，舖陳了建物獨特的藝術風格，吸引了無數遊客眼光。

館內有生活陶展示區和玩陶區，提供遊客寓教於樂的捏陶樂趣，二樓則附設典雅別緻的複合餐飲空間，適合體驗無我的藝術生活；再往上走，三、四樓分別設置了藝術陶和藝文展覽廳，讓遊客儘情享受一場美麗的視覺饗宴。

東華手工扇

清末日治時代至光復初期的鹿港街頭，經濟蕭條，生活困頓，當時外銷手工扇，便是極受歡迎而重要的手工產業，加以紙扇技術門檻不高，鹿港許多家庭，祇能仰賴紙扇加工副業收入貼補家用，這也是手工扇在鹿港的鼎盛時期。

隨著電力時代來臨，風扇成為居家必備的生活用品，手工扇優勢盡失，製扇產業自然逐漸式微；幸好隨著鹿港民俗才藝活動，適時展開，帶動了民俗觀光熱潮，也為奄奄一息的手工扇產業，注入一線生機。

東華扇廠主人陳朝宗，便是藉由精巧的製扇技術，和精緻扇面彩繪藝術，重新贏得遊客讚賞與肯定，成為典藏和裝飾的寶貝珍品。

典型傳統手工扇，依材質、造形，大約可分為羽毛扇、芭蕉扇、葵扇、竹扇、絹扇、絲扇、骨扇、摺扇、團扇等，是古早年代揮別酷暑的秘密武器。

手工扇達人陳朝宗，自然是製扇領域佼佼者，祇見他隨手拈

來半截竹桿，俐落剖開，便是整齊劃一的扇骨，經過紮線，再刷上紙樣，彩繪畫飾，一把精緻藝術紙扇便完成了，明快手

陳朝宗示範剖竹製扇技巧。

法與高雅畫風，讓陳朝宗擁有多項台灣傳統工藝獎的肯定殊榮。，

事實上，個性熱誠開朗，不輸頑童的陳朝宗，還有一項擲準打陀螺絕活，更讓人驚豔；他可以輕鬆在1公尺外，將陀螺打進一個直徑10公分鐵圈內，甚至不可思議的，準確將陀螺拋進狹小板凳下方，兩根橫桿交叉的中心點，相當神奇，經常吸引遊客報以熱烈掌聲，下次走訪鹿港時，可別忘了欣賞他的這項神奇絕活！

陳朝宗手工扇是鹿港知名手工藝品。

神轎	鴻華雕刻部 森源工藝部 森華雕刻社	地址：彰鹿路六段523號 地址：中山路58號 地址：中山路68號	電話：(04)7774033 電話：(04)7773939 電話：(04)7773890
佛像	松林藝術雕刻 弘裕神像雕刻 新如軒佛具	地址：友愛街69號 地址：中山路458號 地址：中山路101號	電話：(04)7770682 電話：(04)7777452 電話：(04)7742696
錫雕	萬能錫舖 金源宗錫雕	地址：龍山街81號 地址：復興路589號	電話：(04)7768847 電話：(04)7771492
線香	施金玉名香 施美玉香舖 黃聯春香舖 協榮發香舖	地址：中山路439號 地址：中山路219號 地址：三民路212巷10號 地址：金門巷79－2號	電話：(04)7777577 電話：(04)7772029 電話：(04)7776383 電話：(04)7774497
燈籠	吳敦厚燈舖 郁文齋燈藝工作室	地址：中山路310號 地址：中山路337號	電話：(04)7776680 電話：(04)7771786
家具	吳隨意家具店	地址：民生路26號	電話：(04)7772010
紙扇	陳朝宗手工扇 彥仲畫扇	地址：中山路400號之1 地址：埔頭街42號	電話：(04)7775629 電話：(04)7762443
立體繡	巧昕立體繡	地址：四維路20號	電話：(04)7750806
娃娃屋	袖珍工房	地址：中山路33號	電話：(04)7775077
陶藝	鹿港燒陶藝館	地址：金門巷81號	電話：(04)7766230
捏麵人	施教鏞工作室	地址：民族路329號	電話：(04)7776282

① 陳朝宗手工扇
　04-7775629
　中山路400號之1
② 巧昕立體繡
　04-7750806
　四維路20號
③ 袖珍工房
　04-7775077
④ 施金玉香鋪
　04-7772527
⑤ 吳敦厚燈籠
　04-7776680
⑥ 李秉圭木雕
　04-7779796
⑦ 施教鏞捏麵人
　04-7776680
⑧ 陳錦煌蒸籠
　04-7770939
⑨ 崇晉筆墨莊
　04-7777651
⑩ 蘭馨齋
　04-7772968
⑪ 周月容香包手工坊
　04-7772840
⑫ 陳萬能錫鋪
　04-7768847
⑬ 新文益筆墨莊
　04-7782008
⑭ 鹿港燒陶藝館
　04-7766230
⑮ 梁洪雯綑線花
　04-7766230

鹿港手工藝巡禮分析圖

鹿港自然環境

　　鹿港，位於彰化縣西北方，全境皆為海拔10公尺以下，平坦的彰化沖積平原，地質屬第四紀全新世，現代沈積海相地層，堆積年代在1800年以下，岩性多粘土、泥砂、礫石質、屬近代漢文化盛行期的河口沉積環境。

　　鹿港轄域，北以番雅溝排水渠道和線西鄉毗鄰，南臨福鹿溪(員林大排水)與福興鄉接壤，東緣洋仔厝溪分流與和美鎮、秀水鄉交界，西側則是綿亙迤邐的海岸與大陸遙望。

　　本鎮水文環境，北引源自八卦山脈之洋仔厝溪，為早年灌溉農作和魚塘主要供水來源，南迎濁水溪下游汊流－－舊虎尾溪主源水脈，深具水利之便，是促成早年鹿港繁盛和萬商雲集的主要功臣，也是孕育小鎮飛帆輻輳勝景的浩渺水域。

　　古鹿港後期，受西部衝上斷層變動作用影響，西海岸地磐逐年隆起，濁水溪溢流改道頻仍，加以溪流堆積快速進行，致河道顯著淤塞縮減，河港淤沙嚴重，不得不忍痛廢

圈養家禽的農塘是鹿港農村常見景致。

鹿港海堤可欣賞美麗的黃昏夕陽。

白千層是鹿港光復路上美麗的
行道術。

港，此舉讓繁忙的鹿港飛帆影像，祇能存留在歷史的記憶裡，令人不勝唏噓！

目前菜園橋橫跨的一彎濁水，俗稱「舊港溝」，便是昔日舟楫千帆繁忙的航行河口，可惜今已荒蕪不堪，祇剩狹窄河道裡，一灘髒污廢水嗚咽西流；鹿港溪自然環境更迭，造就了鹿港小鎮傳奇的盛衰轉變，這也正是滄海桑田的絕佳寫照！

相較於變動頻繁的環境元素，鹿港古氣候因子，便溫和許多，其氣候特性，夏日熱冬不冷，雨量集中，旱季明顯，每年

10月至翌年2月，東北季風盛行，即俗稱「九降風」；每當季風揚起，全鎮便籠罩於一片灰濛濛的砂塵之中，近年隨著路面封層，此種嚴重影響行旅及生活品質現象，已逐年改善了；而這獨特氣候因素，也顯然牽動過小鎮早期的建築文化，造就了鹿港特殊的曲巷風情。

走出市街，往昔星羅棋布的水池魚塘，也隨時光荏苒，一吋吋被填滿，取而代之是拔地而起的大廈高樓；幸好古城近郊，仍保有廣袤的純樸農村，走進平疇綠野鄉間，到處雞犬相聞，讓人輕易感受了傳統農家樸實親切與善良純真風情，以及豐富的生命力。

假日裡，走訪鹿港小鎮，當你厭倦了喧囂街道，無妨轉進郊野小路，深入探索寧靜的鄉村角落，迎著綠油油的田園阡陌，與古樸斑駁的農舍斜陽，佇立在映照晚霞炊煙的老樹綠籬前，望著院落間，一排排隨風款擺的防風樹屏，與悠然古樹下舐犢情深的老牛，回首庭院裡飛翔的蜻蜓，和奔跑飛啄的公雞、白鵝，交織成一幅六十年代農村情境的醉人畫面，讓內心承載了一份滿足的摯情與悸動，久久不忍離去。

午后，走近海口，荒廢鹽田與機場地面上綻放的繽紛生命，以及散佈在海岸線旁，多樣性的防風林植被和濱海植物，相互爭奇鬥豔；踩入海岸泥灘，深藏其間的寄居蟹、花跳、和尚蟹、蝦猴、赤嘴、貝類、西施舌、

海岸泥灘蚵田是鹿港獨特風貌。

爌窯是鹿港農村秋收後農田裡常見的活動畫面。

牡蠣……等濕地生態，還有築巢於消波堤和防風林枝椏上的赤腰燕、冬候鳥與伴隨田園農塘水域，不停走動覓食的鷺鷥水鳥，以及花叢間穿梭的蝴蝶、蜻蜓和蜜蜂昆蟲，展現了大地盎然生機，讓遊客見識了鹿港古街濃郁的人文風采外，另一層動人的自然魅力。

試著於黃昏之際，攜伴走上鹿港海濱似無止境的迤邐長堤，親吻著微帶鹹味海風，迎向浪花濤聲，欣賞海面上倒映的美麗夕陽餘暉，以及閃動的絢爛波光，揮灑在蚵架、漁船以及倦鳥、釣客身上，景緻極為旖旎浪漫，令人流連忘返。

自
然
之
美

木麻黃風情

　　木麻黃樹，曾是鹿港極為獨特的自然景觀，早年銜接鹿港市區的每條道路，皆是翠綠濃密的木麻黃樹所串成幽遠的綠色隧道；每一座魚塘土徑和鄉間小路，也都有夾道的木麻黃樹，穿梭其間，清爽的綠蔭微風，迎面而至，可謂賞心悅目，愜意極了。

　　木麻黃樹又稱木賊葉木麻黃，原產澳洲地區，由於其適應力強，在含鹽量高、水量缺乏的砂地，也能夠生長，因此在西元1910年大規模引進，作為防風樹種，扮演早期鹿港地區，主要行道樹與海岸防風林角色。

　　雖然隨著道路拓寬與更新，遍野木麻黃歲月已不復見，但在農村鄉野間，木麻黃仍稱職扮演防風止砂的角色，稀疏的枝椏在曠野裡，隨著風勢擺動，頗有幾分醉人風韻；尤其在晨昏時刻，天空挑染上炫麗如霓的彩霞，成排的木麻黃樹，映出剪影，交織成一幅優美動人的風情，最是令人陶醉。

　　今日鹿港大群落的木麻黃樹，多分布在沿海地帶，當你到鹿港海邊遊憩，走累了，不妨鑽入木麻黃樹下，鋪滿落葉和細砂的柔軟小徑，享受那份綠波樹海的清涼與愜意，順便體驗昔日舊鹿港的木麻黃風情。

木麻黃是早年常用行道樹，但因樹具有微毒性，底層植物難活，近年已逐漸砍伐，所遺不多了。

防風樹屏

防風樹屏，是鹿港沿海農田，特有的植被景觀。加以鹿港西麓濱海，又屬舊濁水溪地勢低平的沖積平原，缺乏山岳屏障，風砂很大，長驅直入，嚴重影響作物生長，鹿港有句俗諺：「鹿港風、彰化蚊。」即說明當地風勢的威力。

同時因陸地臨海，相對土壤鹽分含量較高，且空氣中也飽含鹽基，植物不易生長，早期多栽植韌性強、易存活的木麻黃樹，以及具有防盜功能的莿竹叢，作為阻擋強風之用，是屬第一代的防風樹屏。

隨著歲月流逝，木麻黃樹逐漸長高，由於修剪不易，且長高後底部透空無法擋風，鹿港部分農民便改植竹叢防風，效果雖然不錯，卻令蚊納增加，後來又改以朱槿樹叢作防風樹屏，唯排水不良地區，並不適合朱槿生長，最近則以木麻黃和朱槿混植，綿密綠樹點綴著嫣紅朱槿，也為鹿港鄉村醉人的田園風光，增添一份人文秀色。

而經由防風樹屏的演變，也描繪出鹿港居民克苦耐勞，不畏天災，智慧過人的天性與精神，值得加以讚揚與學習。

在田梗間栽植高大茅草，再編成草屏防風，別具創意。

植物之旅

鹿港濱臨西海岸，氣候溫和，冬日季風強勁，環境雖然惡劣，但在荒野田園間，依然勁生繽紛植被，將鄉村海岸點綴得綠意盎然，美不勝收。

鎮內植物生態之旅，可簡單劃分天然和人為植栽，以及老樹巡禮三大觀察方向：人工植栽自然以當地常見的防風樹屏、行道樹、防風林，以及公園內景觀花樹為主，早年街道樹多為木麻黃，但因該樹根部易釋放微毒素，有害土壤和底層植物生長，多已砍伐，在鄉村農路旁始較常見。

適合欣賞的行道樹，可選擇生態性休閒公園旁，開滿紫紅色花朵的美人樹，以及粉紅花瓣的水黃皮；光復路中央電台前開滿似小毛刷的白千層和冬日轉紅的

打鐵巷老樹是鹿港最古老榕樹。

文珠蘭大規模栽種於工業區分隔島，卻是有毒植物。

美人樹花比葉先開，一片桃紅色花海，相當迷人，在生態性公園便有一段美人樹園道。

欖仁樹，也都是令人驚艷的植株：走近海岸，工業區大道旁，交錯栽植的黃槿、水黃皮、草海桐、文珠蘭……等耐鹹抗旱的美麗植被，成為分隔島與行道樹主角；防風林則仍以耐鹹抗風的木麻黃和刺竹為主，這片綠意盎然的人工林，還能欣賞水鳥築巢的生態景緻，不要忽略了。

回到鎮內空地荒野，多以榕屬植物為首的綠意植被佔據空間，大葉雀榕、白榕、正榕、以及構樹、野桐、山黃麻、苦楝、

樟樹、黃槿、刺桐、鳳凰樹、紫薇等均是常見喬木；低矮的灌木草本植被，則以紫花霍香薊、酢醬草、咸豐草、馬鞍藤、馬纓丹、野苦瓜、白花野牽牛、裂瓣朱槿、九重葛……等為主。

　　早年屯墾移民，最喜歡在宅第環植綠樹，除兼顧隱私又有防盜避風與遮陽功能；而具有神格老樹，更可以滿足祈福需求，在開發歷史悠久的鹿港小鎮，自然保留了許多老樹，值得深入欣賞探索；鹿港知名古樹有，龍山寺中庭百年古榕、金門館內老欅樹，與文開書院裡的象牙木、地藏廟前古榕、以及街長宿舍後方老樹、意樓楊桃樹、南勢社區榕園、大夫第前方老榕、鹿港火車站旁和打鐵巷15號前的大榕樹，與頂番婆附近古榕……等，均為風采獨具的老樹，有空旅遊鹿港時，何妨來趟生態觀察與發現老樹之旅。

大花紫薇，花朵很美，常被作為公園、學校植栽。

裂瓣朱槿又稱燈仔花，是農村常見的圍籬植物。

阿勃勒在生態公園裡展現鮮麗的迷人風采。

日日櫻是鹿港校園內的美麗植物。

龍山寺中庭花壇上有兩棵生意盎然的老樹。

鹿港

鹿港賞鳥之旅

紅尾伯勞是鹿港冬日常見候鳥。

　　鹿港屬於低海拔河口沖積平原，缺乏山岳屏障，相對羽毛鮮麗的山鳥，自然稀疏罕見，幸運的是鹿港擁有豐富多變的水域環境，蘊育了多采多姿的水鳥棲息空間，也適時填補了鹿港小鎮對自然生態鳥類保育的空白；事實上，只要用心觀察，在中山路日據街屋，屋簷下便可發現無數鳥巢，增添了活潑生趣。

　　鹿港天然環境缺少茂密樹林，無法提供山鳥掠食築巢需要，但在鄉間農舍周圍，經常是綠樹屏障，高大的行道樹、防風樹屏及荒原間野生構樹、鳥榕和稻田、河口、池塘、沼澤、泥灘與縱橫渠道，卻能提供鳥類果實、種子、青蛙、昆蟲、貝類和水生節足動物⋯⋯等豐富食物，加以海岸防風林綠帶，提供了候

紅嘴黑鵯常停歇公園茂密樹叢間。

綠繡眼是樹上的綠色小精靈，偶然停歇在人類遺棄的玩偶上模樣可愛。

隱密草叢間常可發現覓食的鷺科幼鳥。

鳥和水鳥良好隱密的棲息環境，「到鹿港賞鳥」，期待它成為真正受歡迎的知性之旅，而非祇是一句漂亮口號！

　　鹿港最佳的賞鳥區，正好位於彰濱工業區入口兩側的木麻黃樹林裡，尤其晨昏時刻，大群水鳥在林梢天際線飛舞移棲，或成群結隊飛掠潮間帶覓食，那種萬鳥齊飛的壯觀場面，真正能撼動心弦，直呼過癮。

　　鹿港河口賞鳥，可說尚未起步，因此對棲息鳥類資源了解仍然不夠，一般常見鳥類，有黃頭鷺、小白鷺、栗小鷺、夜鷺、蒼鷺、小水鴨、斑頸鳩……等，在平原稻田和鄉間則以牛背鷺、大

彰濱工業區的防風材常棲息不少水鳥。

黑冠麻鷺是鹿港罕見的珍稀鳥類。

白頭翁是鹿港荒地曠野間最常見鳥類。

卷尾、綠繡眼、麻雀、野鴿、洋燕、家燕、赤腰燕、黃頭鷺……等為主；在脫褲庄、查某旦、顏厝……等鄉間農田、溝渠、池畔，都可發現活潑靈巧的鳥蹤，只需一本鳥類圖鑑和一架十倍以上口徑望遠鏡，便能輕鬆賞鳥，不宜錯過了。

楊橋公園

地址：鹿港鎮新興街29號後院

楊橋公園座落於福鹿溪畔，清代曾以「楊橋踏月」勝景，馳名中外，是清代末葉鹿港八景之一。

楊橋為楊公橋簡稱，原名利濟橋，是清代早期通往員林、北斗南路要道，佔有重要的經濟戰略地位，清同治元年彰化四張犁戴潮春之亂，鹿港仕紳便曾蓄意斷橋禦敵。

楊橋橫跨古濁水溪支流－鹿港溪兩岸，昔日飛帆如織，景色如畫，視野開闊，為當地居民月夜踏遊佳境；嘉慶17年彰化知縣楊桂森捐其薪俸，建利濟橋以利行旅，居民感佩知縣德澤，便尊稱為楊公橋。

同治元年戴亂斷橋後十年，鹿港同知李鍾霖再度斥資重建，並豎利濟橋碑；可惜民國28年一場大雨，濁水溪再度泛濫成災，鹿港溪南移30公尺，致沖毀利濟橋與福德祠，讓「楊橋踏月」勝景，從此走入歷史。

同年修鑿新溝代替舊河道，並調整功能為員林大排水，同時新建福鹿橋溝通兩岸，民國84年護安宮翻修廟埕時意外讓利濟橋古碑出土，為緬懷楊公建橋德業，便著手規劃興建楊橋公園，

楊橋公園位處護安宮背面。

典雅仿造的楊公橋，屹立於公園南畔是遊客必經之道。

並融合南方福德祠進行整體設計，於民國90年完工啟用。

公園採傳統園林古風設計，門樓入口首見一棵蒼綠的百年刺桐老樹，走進園內便是一座典雅拱形木橋，橫跨於垂柳搖曳的重欄水域，園內花木扶疏，穿過紆曲的亭檯水榭花廊，無妨放慢腳步，細心感受公園內靜謐氛圍。

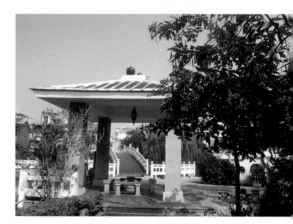

公園涼亭頂端設計一座陶壺，別具特色。

那一方失而復的利濟橋古碑，為同治十一年由當代鹿港進士蔡德芳撰述，鑲嵌於拱橋前方的廊牆樹下，不細看便容易錯過了。

走過楊橋，新建金碧輝煌的福德祠，便巍峨屹立在拱橋彼岸，南方土地公，終於結束了多年流離失所的窘境，又重新坐鎮鹿港南方，默默庇佑著居民和行旅的平安與幸福。

楊橋公園門前高大刺桐，彷彿歡迎新人入園拍照。

自然之美

121

鹿港生態性休閒公園

鹿港生態性休閒公園，位於小鎮外環道中正路旁，為鎮內最具規模的本土性生態園區，佔地3甲餘，鄰近設備新穎的勞委會立德文教休閒會館，和宏寬的運動場與兒童公園，為鎮內最大的開放綠地遊憩空間。

自然生態園區內部，劃分為四大區域，入口處為風的廣場，寬敞空間裡，僅擺設數方砌石，迎著高聳棕櫚樹，讓「九降風」長驅直入，風聲颯颯，讓人感受當地海風強勁威力；廣場盡處天際線，則鑲塑一座抽象生態圖案的可愛水牆，兩端並設立獨特的弧形洞門，創意十足，自然展露了海岸村落，迷人浪漫的熱帶風情。

走進園區，衹見花木扶疏，內心自然恬靜許多，眼前便是一

紫花長穗木是青斑蝶喜歡的蜜源植物。

鹿港生態性公園入口的砌石地標。

生態性公園和運動場隔街連接成寬敞綠地。

風的廣場抽象生態圖案的壁泉。

座半圓形環環相扣花牆，名為蟲蟲廊道，走近廊道，透過層層原木拱環，觀賞綠樹花海又別具情趣；這段步道兩側設置有生態導覽臺，可讓遊客一窺當地常見的蝴蝶、昆蟲生態堂奧。尤其春夏花開季節，更吸引了不少蝶類棲

息，園內可觀察蝶蹤有端紅粉蝶、紋白碟、樺斑蝶、小黃蝶、白三線蝶、紅星紋蛺蝶等，演示出生態公園內，豐富多元的生態系統。

蟲蟲走廊環狀造型，就像蜘蛛結網一般可愛。

穿過環狀透空廊道，兩旁便是本土性植物生態步道，園內綠樹蒼鬱，花語繽紛，種植了許多常見的樹群，包括台灣欒樹、苦楝、烏臼、茄苳、大葉山欖、朴樹、蒲桃、毛柿、榕樹、白千層、福木、美人樹、繖楊，以及獨特的複葉金龜樹、海漂植物水黃皮，與美麗的蜜源植物阿勃勒、長穗木和馬纓丹等，是輕鬆認識本土特有植物的絕佳管道。

勞工教育學苑位在生態性公園前方，夜色絢麗，已成為鹿港新地標。

步道盡頭，便是數座弧形賞鳥牆，牆面設計了數個高低錯落的矩形觀賞窗，便利親子透過鳥窗，輕鬆觀察美麗的鳥類生態；同時園方，更在鳥類棲息的森林環境，貼心豎立數根鑿了樹洞的人工植株，供鳥兒築巢休息，雖用心良苦，但成效似乎仍有待觀察。

少量水域活躍的動、植物生態，兩棲的爬蟲、蛙類和蜻蜓、豆娘偶而露臉，便又消逝無蹤。

鹿港生態休閒公園，深藏於立德文教會館背面，清幽雅靜，適合旅客遊憩，尤其春夏晨昏季節，更是觀賞繽紛生態的絕佳時機。

迎著步道，轉向生態水池，路旁盡是銀海棗和美人樹天下，祇見巨石掩映的旖旎湖區，池畔柳條枝葉隨風搖曳生姿，湖間矗立一座造形雅致的白色溫室花房，風情無限；觀察湖畔，僅見

水黃皮在一支廣告帶領下，成為知名的海漂植物。

健康博物館

預約電話：04-7810077
地址：鹿港鎮彰濱工業區鹿工
　　　路18號

　　健康博物館，位於彰濱工業區，是鹿港近郊最新設立，而且頗受好評的免費教育型博物館。

　　隨著生活水準提昇，近年來健康養生觀念，儼然成為人們日常生活，最為重視的目標；白蘭氏公司便在這股潮流帶動下，秉持回饋鄉親，教育健康的理念下，啟動與健康的對話和宣言，引進人性化親切的互動式導覽，將健康新主張，融入精彩的日常生活之中。

　　這座風格獨具的博物館，便設立在白蘭氏廠區內，白色建築，展現了一份單純的美感，走進半透明的雞精瓶造型入口，便被色彩繽紛、設計新穎、十足科

健康博物館有趣的雞精瓶入口設計。

應用圖片光影運動的互動遊戲令人好奇。

技化的空間藝術吸引，讓人感受了身心放鬆的喜悅。

　　館內規劃的動線，首先以輕鬆精彩的影片，和免費品嚐雞精揭開序幕，走出簡報室，便是白蘭氏艱辛的創業故事和精神；接著腳步移往互動式多媒體遊戲區域，透過精緻動畫，細膩剖析人類身體各部機能構造，讓遊客進一步，正確認識自己身體；隨後安排進入雞精生產線，實地參觀

廠區運作流程，傳達了對品質的一貫堅持，也是難得的知性體驗；接著轉身回到「如何更健康」主題區，這裡提供人們透過正確的運動，和生活作息，以及均衡營養的完整訊息，讓自己擁有更動人的生命，與健康的身心發展。

最後腳步踏上「健康創造者」主題區，這裡可依個人健康需求差異，尋求對應方式，讓身體更趨向於完美的身心靈協調與健康。

參觀健康博物館，採事先預約制度，完全免費，又有產品試飲活動，自開館一年來，遊客絡繹不絕，在規劃鹿港采風之旅時，無妨順道安排這座親切的博物館參訪行程，增添多元的旅遊收獲。

館內寓教於樂的互動遊戲區。

館內以絢麗明亮色彩，營造一片好心情。

參觀雞精製造流程也是難得體驗。

簡易的線條便能說明運動對健康的益處。

南勢社區榕園

榕園，位於鹿港鎮郊北側的南勢社區入口處，地處洋仔厝溪南岸河畔，佔地約5.5分，是座融合社區居民情感，和企業回饋，共同運用雙手，創造出來的一處具理想性，清幽雅靜的社區自然公園，園區內花木扶疏，並設置槌球場，經常舉辦聯誼活動和比賽，積極強化了社區居民向心力，與優質互動情感。

榕園景觀主軸，由三棵近百年的垂根大榕樹，和一座小巧有應公廟，以及幽篁竹叢構成，這三棵老樹枝葉茂盛，綠意盎然，主幹垂根虯結盤錯，丰姿互異，風情獨具；一旁修長竹叢，則彷彿綠色屏風般，隔開了綠草如茵

榕園內設置有詳細解說牌。

的槌球場和公園，營造一份優雅閒適氛圍；而角落裡，磚造有應公祠，莊嚴屹立在一棵造型奇特，枝葉蔥蔚的古榕樹邊，風雅怡人，自然成為當地居民工作之餘，最佳的遊憩空間。

事實上榕園前身，原本祇是當地荒廢河岸的閒置空間，乏人整理，雜草叢生，隨後居民自主性發起整理，

榕園是位在洋子厝溪畔的荒廢地改造成功的一處美麗浪漫公園。

根系枝幹彎曲成一道拱門狀的
奇特老樹。

別具創意的南勢社區挖寶圖。

融合社區和企業情感的榕園清
幽雅靜。

重新修剪過的古老榕樹，風韻
猶存。

共同參與改善環境。將荒地開闢
為公園綠地，並廣植花木，安排
輪值認養人士，執行照顧花草工
作，將當地建設為社區共同的後
花園，深獲政府肯定。

　　民國91年，南勢社區居民
的努力，引起熱心公益的帝寶教
育基金會，積極響應，並拋磚引
玉，率先捐出60萬元，再配合
居民自行捐募的20萬元，由社
區民眾自行設計施工，終於在
93年3月完工，打造出一片具地
方特色，且景致優美的榕園社區
公園，值得遊客順道參觀。

　　拜訪南勢社區榕園，可取道
某旦巷新興國小前農路，穿過查
某旦兩座樸拙福德祠，再走過渠
道，即進入南勢社區，探訪清新
幽靜的榕園景觀。

鹿港

鹿港觀光三輪車

三輪車是台灣光復初期,極受歡迎的交通工具,優雅復古的外型,以及便利親切的特性,讓缺乏動力汽車的年代,依然享有輕鬆的代步載具。

隨著汽車工業進步,以及公共運輸系統興起,完全仰賴人力踩踏的三輪車,自然抗拒不了潮流轉變,當年滿街穿梭,努力營生的交通工具,無奈的在時空洪流裡消失了。

數十年之後,藉著旅遊風氣提昇,終讓這獨具懷古之風,同時兼顧環保的優閒傳統行業,重獲新生,扮演著積極催化懷舊情緒角色,帶領遊客走入另類復古的知性時空,深受遊客歡迎。

鹿港觀光三輪車,歷經近半個世紀掙扎,又再度融入鹿港文化,具有獨特的歷史地位;目前觀光三輪車由鹿港教會社區關懷協會主辦,聘任當地熱忱親切的中壯年失業人員,經過訓練後,承擔車伕和導覽解說工作,發揮在地人的熱情,帶領遊客輕鬆探索知性的古鹿港風情,也為傳統人力三輪車,開創另一片閃亮天空。

三輪車曾是日據時期鹿港主要交通工具。

●實用資訊：

鹿港教會社區關懷協會

電話：(04)7762567

※觀光三輪車行駛路線：

懷古三輪車恣意奔馳在鹿港街
頭風情無限。

1. 西線－經由兒童公園、中山路遊城隍廟、日茂行、北方福德祠、天后宮、奉天宮接瑤林街古街保存區、後車巷、九曲巷、十宜樓、意樓、興安宮、摸乳巷至龍山寺轉金門館、地藏廟、楊橋公園、文祠、文開書院、台糖五分車站等景點，中途設五站分別在天后宮、瑤林古街、九曲巷、龍山寺站以及西線休息站。

2. 東線－經立德文教會館、三山國王廟、日據店街、甕牆、民俗文物館至福興穀倉、文武廟、基督教長老教會接文開書院站、途中設三山國王廟、民俗文物館、東線休息站及文開書院站。

★收費方式：自起點兒童公園分兩線，全程為600元，半程為400元自選東、西線。人數以2人一部為原則。

★若自中途購票，半程方式可選擇往前或往後五站計算。

★鹿港觀光三輪車服務電話：(04)7762567

地方特產小吃

鹿港是座具有悠久歷史文化的古都，人文薈萃，商業繁盛，因通商之便，吸引了無數不同省籍人士移民，自然帶來許多不同口味的鄉土小吃。

鄭玉珍餅鋪珍藏的鳳眼糕彰功狀。

鹿港人在飲食方面，十分講究，所以前往鹿港，不但有豐富的名勝古蹟和優美的自然風景，提供浮生半日遊，更有可口味美的海鮮，與馳名全台的中式菜點，讓你大快朵頤；尤其小街上價廉物美且風味獨特的鄉土小吃，更是讓人垂涎三尺，拜訪美食當前的鹿港古都，如果沒有好好品嚐當地特產飲食，那可是件遺憾的事囉！以下便分成海鮮、茶點及鄉土小吃，分別介紹：

假日熙來攘往的天后宮前地方小吃街人潮洶湧。

生猛龍蝦可是海鮮大餐的熱鬧
商品。

海鮮

　　鹿港海鮮味美料實在，著名
有蚵、蟳、鰻、花跳、蛤蜊、西
施舌、沙蝦、烏魚子、蝦猴等鮮
美海產，早年還曾以珠螺小吃名
聞全臺呢！

　　海鮮不論蒸、煮、炒、煨、
酥炸、川燙、生食皆宜，要訣便
是新鮮，因此在選購生猛海鮮
時，即應留意牠的保存方式與衛
生條件，才能吃到真正味醇鮮美
的海味。

一、蚵

　　又稱牡蠣，廣東一帶稱它為
「蠔」，多以穿繩插技方式在近海
養殖。鹿港的海蚵，特別肥嫩多
汁，以蚵為主的佳餚有蚵仔煎、
蚵仔湯、蚵仔麵線、蚵仔粥、蚵
仔酥、蚵仔麵或米粉等，鹿港天
后宮前就有多家以蚵為主的飲食

燒酒螺是鹿港兒童喜愛的零食
之一。

攤。在此提供現剝生蚵保鮮方
法，就是不要泡水，才能保持外
表黏液和美味，也能在冷藏室多
保存個二、三天。

二、蟳

　　外形似蟹，雙螯肥碩，外殼
呈青褐色，味鮮肉嫩，早年是昂
貴的海鮮，如今已有人為飼養，
天然的紅蟳，喜歡生長在近海蚵
田，秋冬是盛產期，鹿港海邊仍

現剝的生蚵，新鮮味美，最受
遊客青睞。

有漁民趁著退潮之際,帶著魚簍、竹夾捕捉紅蟳販賣。

三、鰻魚

營養價值很高的海鮮,全身被黏液包覆,滑溜難以捕捉。天然鰻魚不多,都以養殖為主,早年也是鹿港出口外銷的大宗貨品,目前只見零星養殖。

四、花跳

又名彈塗魚,喜歡在鹹淡水交接的近海泥灘,快速彈跳,夏天最多,為水陸兩棲生物,柔滑無鱗,食用方式以酥炸及加上少許當歸,枸杞燉煮為佳,聽說是絕佳補品。

五、蛤蜊

生長在海濱沙灘裡的圓殼軟體動物,肉質鮮美,大都加蔥薑蒸煮,味醇肉質鮮嫩,或加蔥薑、辣椒、九層塔,以大火快炒,也是一道可口菜餚。

六、西施舌

又稱蟶子,鹿港俗稱「公呆」,盛產於濱海泥灘,曾是昔日海鮮珍品,在鹿港沿岸沙灘上,只要攜帶挖掘工具,不消一個小時,包你滿載而歸。

七、沙蝦

盛產於每年農曆八月至翌年三月,用來製造Q嫩味美的蝦丸。鹿港蝦丸名氣,可是長駐不墜。

八、烏魚子

烏魚為每年隨著寒流來台度冬的迴遊魚類,冬季的市場及天

烏魚子是鹿港著名的特產,入冬後產量才會增多,選購時留意卵背帶有血絲者品質較好。

赤嘴蛤是鹿港美味的海產。

后宮廟前，常看到掛滿烏魚子的店家，形成特殊景象。昔日烏魚子被視為尊貴的待客珍品，有烏金之譽，微鹹的切片魚卵，夾著青脆蒜苗，風味獨特，齒頰留香，令人回味無窮。

九、蝦猴

又稱「蝦蛄」，是一道下酒的佳餚，每年清明前後，是蝦蛄產卵期，也是品嚐它的最佳季節。烹調以酥炸、鹽漬為主，抱卵的價錢較貴，在第一市場十字路口及天后宮廟前，都有小販或飲食攤提供選購。

蝦猴是鹿港特產之一，帶卵者較不帶卵者的蝦猴好吃，但是單價亦高。

●鹿港著名的海鮮餐廳資訊如下：

正港料理店	長安路200號	電話：(04)7742328
大港城海鮮餐廳	自由路168號	電話：(04)7789235
小村江戶餐廳	建國路5號	電話：(04)7785609
光華亭海鮮	中山路433號	電話：(04)7772003
米老鼠蚵仔煎	中山路432之1號	電話：(04)7776855
鹿港西海岸	中山路436號	電話：(04)7774420
全海產店	鹿草路二段122號	電話：(04)7756858
濠誠活海產	光復路27號	電話：(04)7766558
海味珍海鮮	忠孝路281號	電話：(04)7786442

茶點

茶點就是精緻的中式點心，鹿港茶點種類非常多，琳琅滿目，香甜可口，風味獨特，也是送禮精品；鹿港知名茶點大致可分成糕餅、米粩類、酥餅，三大類。

一、糕餅

種類繁多，有鹹糕、綠豆糕、石花糕、鳳眼糕、杏仁糕、花生糕、……等。原料採用糯米或小麥磨成細粉，再拌以白糖和配料，倒入糕模內炊熟即成。鳳眼糕的製作手法精緻，歷史悠久，特色是入口即化、色澤雪白、香甜適度，長三公分，兩端削尖，外形神似鳳眼而得名。

二、粩類

是一道鬆脆可口的傳統茶點，作法簡單，將發酵過的糯米粉團，經過油炸，塗上豬油和麥芽糖漿，外層滾上密實米花稱「米粩」，黏上芝麻稱「麻粩」，目前口味更加多樣，有花生粩、杏仁粩及核桃粩，鹿港則習稱「豬油粩」，是饋贈親友的絕佳禮品。

三、酥餅類

鹿港酥餅的特色，是皮酥餡軟，口感絕佳，代表性的製品有牛舌餅、口酥餅、蛋黃酥、麥芽酥和略帶鹹味的龍晴酥和蘿蔔酥，後二者則是類似產品。

牛舌餅是以純麥芽、麵粉及砂糖、鹽作原料，揉成麵團，再加工成橢圓狀，置於鐵板上面，煎烤而成。

麥芽酥使用麥芽糖和花生粉，揉成長條狀薄片再層層堆疊，包入細糖粉和芫荽，再切成

玉珍齋店內商品多元人潮不斷。

鹿港麥芽酥加上一點芫荽，香甜適中，口味獨特。

鳳眼糕是擁有傳統百年風味的糕餅茶點。

彩頭酥也是鹿港好吃的茶點。

小塊即成：味道香軟可口，充滿古早味，在玉珍齋前面，經常有小攤子現做現賣，但夏天易潮，若不加芫荽，口味略遜。

　龍晴酥是新近崛起的美味茶點，使用豆沙和蘿蔔絲作餡料，將麵皮層層積疊，加工為卷布般薄片，再包餡酥烤，即形成像龍的眼睛一般，奇特的造型和滋味，令人難忘。

　「龍晴酥」以萬壽路164號

阿振肉包是鹿港人熟悉的麵點老店。

的洛溪春最受歡迎，其他糕餅類，則以位於中山路市場口，具百年歷史的玉珍齋老店、鄭玉珍、鄭興珍獨領風騷，口味各具特色，資料如下：

九龍齋	中山路417路	電話：(04)7777790
玉珍齋	民族路168號	電話：(04)7773672
光華糕餅	中山路197號	電話：(04)7772159
鄭玉珍舖	中山路163號	電話：(04)7777883
鄭興珍餅行	中山路153號	電話：(04)7772404
振味珍餅舖	中山路71號	電話：(04)7772754
長興食品行	中山路431號	電話：(04)7782993

鄉土小吃

王罔麵線糊新店面在市場後面。

鹿港是個十分講究飲食藝術的地方，口味多元，無論是獨樹一幟的招牌口味或習見的家常點心，都有它獨特迷人的風味與口碑，讓人忍不住想大快朵頤一番！

鹿港小吃大都集中在第一市場附近，冷熱飲食俱全，資訊如下：

一、麵線糊

在公園一路和民族路交叉口，店名「王罔麵線糊」，是享譽五十餘年的老店，作料純正實在。

選用上選豬肉、太白粉、甘藷粉、蝦米、雞蛋、蔥酥等，味美價廉，風味獨特，由於遊客熙來攘往，舊店漸感不敷使用，最近已在大明路與公園一路口，另開一家新店。

二、生炒五味

以魷魚、蝦仁羹、肉羹、竹筍、香菇烹煮的五味羹，味道獨特。

就在民族路市場邊，其實是用魷魚、蝦仁、肉羹、筍、香菇或白菜混合烹煮的五味羹，料好味美，只要加上一碗排骨麵或加上一點麵，就是滿足的一餐。

三、豬血麵線

在大明路口，下午兩點以後才上市，鮮嫩的豬血配以鹹菜、麵線加上一點油蔥酥，口味清淡自然，也是具口碑的老攤子，下午六點左右就收攤，晚到就向隅了。

四、老師傅鴨肉羹

腥澀的鴨肉，經過巧妙處理與精心烹調，加上竹筍、木耳、生薑等配料，呈現鮮嫩可口的獨特風味，米糕香Q美味，亦深受喜愛。

五、切仔麵

都是午後才上市，濃郁的湯頭配上香Q的麵條、蝦丸、炸捲、貢丸，加上一些川燙的海鮮、小菜，口味清爽，是鹿港居民宵夜點心的良伴。

六、水晶餃

在市場裡面，以甘藷粉加糯米製成的皮，一經水煮變成透明，香Q帶勁，湯頭香甜濃郁，另外還有扁食、燕丸，都是物美價廉，早上只賣成品，下午四點之後，才賣現煮，遊客宜把握時間嘗鮮。

第一市場前的豬血湯担，經常高朋滿座。

七、楊桃冰

位於民族路和美市街叉路，也是老字號冰品店，以傳統手法精製的楊桃、鳳梨冰都是酸甜適中，夏日一杯，涼透心脾。

八、素食麵

鹿港較早的素食攤，以黃豆熬湯，香甜濃郁加上Q麵、炸豆腐、豆包，一大碗足以讓你撐飽肚子，可謂物美價廉，位於彰化客運旁邊的介壽路三段66號。

九、阿桃醬園

四十年老店，甘醇的醬菜，形形色色，充滿了兒時記憶中的口味，其中大部分採用傳統方法醃製，美味可口，最下飯。

十、古早味圓仔湯

位於菜園路88號威靈廟對面，具有二十年以上歷史，現做現撈的糯米湯圓，配上香濃花生或紅豆、油條，更是令人齒頰留香。

十一、透心涼冰品店

位於民權路後車巷路口，料好實在，是它的最佳寫照，尤其是烏梅冰、酸梅冰、讓人感覺酸甜夠味，吃了還想再吃，其他還有四果、八寶等冰品和果汁，每到夏日，生意相當不錯。

十二、肉圓

位於大明路上，又大又Q料實在，吃完還可來一份鮮丸子湯，令人回味無窮。

鹿港小吃名目相當多，名氣更是響叮噹，當遊客悠遊古蹟之後，只要留意鹿港的美食小吃地圖，必能隨時隨地，品嚐到美味又可口的私房美食。

專賣醬菜的阿桃醬園是數十年老店。

市場口肉圓多年經營下口碑不錯。

菜園路圓仔湯料多味美是具有傳統風味的老擔。

1 鹿香園複合餐飲
2 鼎泰興懷古餐廳(湯肉包)
3 老龍肉包
4 振龍珍包子
5 鄭興珍餅舖(綠豆糕)
6 玉珍齋
7 朝和餅舖
8 老師傅鴨肉羹
9 生炒五味
10 鹿港施豆花
11 古早味高麗菜飯
12 市場肉圓
13 鹿港豬血麵線
14 利興烏魚子
15 市場內金興肉舖(香腸)
16 阿桃醬園
17 鹿港土魠魚羹
18 三和珍蓮花酥
19 無餓不坐麵線糊
20 王罔麵線糊
21 菜園路圓仔湯
22 摸乳巷茶舖
23 林明堂素食麵
24 鄭玉珍鳳眼糕
25 怡古齋麵茶剉冰
26 桂花巷茶飲
27 阿波師排骨酥麵
28 童年往事複合餐飲
29 老成珍肉包
30 巧味珍肉包
31 臻巧味蚵仔煎
32 阿南師白北魚羹
33 東華素食麵茶
34 松本坊彩頭酥
35 三番錦魯麵
36 古早味芋丸
37 黑糖麻薯
38 玉津香包子
39 吃口味鮮蚵專賣
40 嫩仙草
41 鮮蚵專家
42 米老鼠蚵仔煎
43 海蚵之家
44 錦興口酥餅
45 十宜樓人文餐飲

鼎泰興懷古餐廳

鼎泰興懷古餐廳,位於熱鬧的鹿港中山路和三民路口,佔地百餘坪,整棟建築為紅白相稱的歐式風格,並融合後現代式樣建築架構,成功塑造了中西合璧,且氣派豪華的餐飲名店風範,儼然成為鹿港小鎮的嶄新地標。

這棟古意新居,為鹿港黃氏望族,精心打造的樓店家業,耗資千萬,並敦聘建築名師,以鹿港大街昭和式樣建築作為設計基礎,將宅第考究華麗風格,諧調融入舊街環境之中,卻又悄然釋放宅第巨構新穎優質的生命魅力,尤其入夜後,點亮炫爛奪目燈光,更將大樓襯托得璀璨迷人,顯露高雅質感。

大樓外觀採對稱式圖案設計,入口頂層山頭,浮塑巴洛克式圖案,內部菱形空間則鑲飾家姓,整體立面結構,採用連續性矩形窗和拱窗交錯,並綴

二樓獨木舟造型聚會餐桌,造價非凡。

飾紅色磚牆和嫩白色調水泥橫帶,同時搭配陽台上古羅馬式列柱,自然流露一份淡雅的英國維多利亞時期浪漫風格特質。

走進餐廳,二樓精心佈置了造價不菲的獨木舟造形聚會餐桌,和戶外景觀臺,三樓則是高敞豪華的魚翅樓宴客廳,以客為尊的體貼設計,與精緻裝

鼎泰興紅白相間的歐式風格,自然流露英國維多利雅時期的浪漫特質。

寬敞明亮的入口門廳。

鼎泰興內明亮典雅用餐環境。

潢營造的優質用餐環境，自然吸引了不少深具品味的遊客目光。

黃氏家族本業印刷，是小鎮傳統的書香世家，在硬體完工啓用後，未來軟體規劃，將以當地人文風物為主題的傳統工藝和現代文學、藝術創作展示活動為主軸，提供遊客更直接多元的遊憩資訊，未來更可能朝向民宿領域，或結合傳統中醫藥草園區策略經營，努力成為複合式精緻休閒餐飲名店的領導品牌。

營運初期，餐飲主力鎖定超質魚翅套餐，和營養美味的商業午餐，以及優質的精緻小品火鍋，讓遊客欣賞古蹟之餘，也能輕鬆享受經濟實惠，又體面高品質的美食文化。

鼎泰興店內，格外值得推薦的美食點心，便是手工精製的湯肉包，香鮮極富彈性的Q勁口感，讓人齒頰留香，回味無窮；另一道傳統古早味鹹蛋糕和黑糖蛋糕，綿密口感和鮮純香味，更讓人憶起懷念的童年味道，返鄉之際，值得選購作為饋贈親友的絕佳伴手禮！

鼎泰興手工精緻點心、黑糖蛋糕和鹹蛋糕，綿密鬆軟口感，風格獨特，充滿童年回憶。

鼎泰興著名的手工湯肉包，出自名家之手，麵皮鬆軟帶勁，肉餡鮮美、香嫩多汁，頂極口感，一吃難忘。

鹿港

童年往事懷舊茶館

店址：鹿港中山341號
電話：(04)7767680

特調藍色海洋飲品風味獨特。

　　童年往事懷舊茶館，結合了文化、飲食和藝術主題，成為鹿港街上極具特色的複合餐飲名店之一；古樸斑駁的外觀，以及日據時代「鹿港車站」懷舊站名匾額，便是該店最醒目標記；推薦美食以懷舊鐵路便當、豬油拌飯和特調藍色海洋飲品，最受歡迎。

童年往事懷舊茶館夜色絢麗十足。

這是一家洋溢懷舊熱情的餐飲名店，店內裝璜素材，以店主精心蒐藏之五○年代，大家耳熟能詳的海報與生活器皿，作為主題，輕輕揮灑出童年失落的生活記憶，在這裡，你可以一方面品嚐美味佳餚，同時細細品味童年往事的真、善、美，坐擁滿懷的古意和感動。

當您踏過鐵道，進入店內，便彷彿穿越時空，跌入五○年代的童年生活，美妙記憶不自覺湧上心頭，吸引了無數名人蒞臨，您也不要錯過了。

童年往事懷舊茶館珍藏的四、五十年代生活器具，收藏不易。

迎著鐵道進入店內，彷彿穿越時空走進五○年代童年生活。

主題休閒餐飲名店

143

鹿港

怡古齋人文茶館

店址：鹿港埔頭街6號

電話：(04)7756413

怡古齋精心研發的麵茶剉冰，口味獨特。

　　怡古齋人文茶館，座落在鹿港傳統古街一隅，原本為捏麵人大師施教鏞古厝，外觀古色古香，風華獨具，充滿了懷舊的歷史味道，為古街保存區內，最引人入勝的餐飲名店，尤其店內擺飾的捏麵人作品，更是不宜錯過之創作精華。

　　怡古齋風味美食，以店主精心研發的麵茶剉冰最具特色，創新吃法和獨特口味，是鹿港采風之旅，絕對不能錯過的特色飲品。

　　怡古齋前身，為擁有百年歷史的船頭行，內部格調高雅，裝璜素材，以細膩傳統的木雕彩繪為主，店內空間藝術，以獨特的

怡古齋傳統色彩豐富是古街著名的老店。

充滿傳統風味的怡古齋。

怡古齋珍藏的虎姑婆捏麵人為
複合材質。

口感香醇濃郁的麵茶風味迷
人。

木雕對聯和六門格扇舖陳，門板
格扇鑴刻精彩的雕飾圖案，並延
聘國內彩繪名家陳穎派，為古樸
老厝和小樓井重新彩繪，應用象
徵吉祥喜悅的鮮明色彩，讓整體
店屋形象，煥然一新，自然營造
出精緻傳統的華麗風貌，讓遊客
輕易在享用美食之餘，能夠觀賞
極致的傳統工藝之美。

鹿港

十宜樓人文餐飲

店址：鹿港中正路498號
電話：(04)7747999

十宜樓，本是鹿港知名古老建築，以當年為文人墨客煮茶論對之所聞名。

走在21世紀後現代鹿港街頭，卻不經意發現一棟冠上相同風雅樓名的新式人文餐飲建築，情境優雅，讓旅人內心，感受到一場意外邂逅的驚艷和喜悅，也終於體驗了現代美食遇上古典文化的心動情懷。

十宜樓人文餐飲，藝文氣息濃郁，空間寬敞，最適合好友聚

十宜樓的咖啡點心，十分精緻可口。

會或商務會議，美食口味亦精緻多元，尤以鹿港宴小吃和養生花茶系列，以及精緻甜點，贏得無數旅人掌聲，值得細細品味，感受現代美食和傳統文化交融的優美時刻。

以鹿港名人當設計重心別具巧思。

十宜樓內部典雅的隔屏，風情
獨特。

十宜樓寬敞的用餐空間。

十宜樓內珍藏展示的鹿港名家
傳統木偶。

符合現代感的設計風格，令人印
象深刻。

　　十宜樓內部空間高敞舒適，
氣氛浪漫，自然流露盎然文風，
無形中塑造了一處中西合璧的藝
術文化美食空間，將名樓「十宜」
的精神內涵，發揮得淋漓盡致。

　　尤其十宜樓牆面，兩幅不見
天街巨幅懷古舊照，更是鹿港珍
貴的歷史記憶，值得遊客細心觀
賞。

　　十宜樓人文建築，外觀設計
新穎，造形別致，明亮的環形玻
璃帷幕頂端，圍覆一座淡黃色皇
冠狀頂蓬，高雅新意，背面則是
一道半圓虹圈，狀似神祗頭部光
冕，整棟建築具有傳統意境，又

十宜樓內部懸掛不見天街拆除
後的影像圖片極為珍貴。

桂花巷茶館

店址：鹿港後車巷74號
電話：(04)7746668

桂花巷地方茶館，座落在寧靜的後車巷裡，店屋本身便是一棟懷舊古厝，韻味獨具，是一處擁有豐富人文軼事的休閒餐飲名店。

茶館位置，便是昔日著名的古街餐飲市集—飫鬼埕，建物外觀古樸斑駁，店內還設有小巧雅

茶館門楣高懸珍貴的武魁古匾。

致閣樓，入口左側遺留一口方型古井，據說是早年當地唯一供給苦力飲用的方井，今日古井已被填塞，祇徒留一方古意的磚砌造

桂花巷地方茶館夜景獨具味道。

景水池，淡然訴說著早年常民歲月的辛酸。

桂花巷地方茶館，值得推薦的風味餐飲，以香純的桂花系列茶飲，和桂花焦糖布丁，以及店主親自栽種的有機蔬菜鍋最具特色，也是深獲遊客喜愛的風味美食，值得遊客品嚐。

桂花巷茶館，係由鹿港末代武舉人許肇清後代經營，門楣頂端，便高懸一方深具文化價值的「武魁」匾額，屋內空間設計典雅，屬於中西合璧風格，屋內隱約散發一股淡淡桂花香味，令人神清氣爽。

香純的桂花茶飲順理成章作為店內招牌飲品。

廟宇之旅

寺廟和古厝是鹿港兩大人文建築史蹟，擁有豐腴的文化意義。它傳達了先民早期生活形態和移民文化，以及社會宗教現象等多元價值，同時展現不同時空背景，迥異的建築藝術和環境空間，以及人群社會的互動關係，具有珍貴的歷史地位，是展讀鹿港古文化，極為重要的基礎認知。

屋頂剪黏泥塑對古廟風格有潛在影響。

寺廟情報，首重對建築歷史的深刻認知，並培養正確步驟和方法，同時深入當地社群核心，再透過適度的溝通整合，才能真實掌握寺廟文化精髓，面面俱到探索寺廟文化根源，以及它的存在價值。

講究的寺廟藝術欣賞者，不妨試著依循人、事、時、物、地，五大方向，順序觀察，再根據主體建築相關環境和風水格局深入探討，同時研究族群屬性和具像外觀、結構，以及彩繪雕飾文物特性，必能完整融入當地社會情境，獲得視覺和心靈上的共同滿足與感動。

古碑是研究古代人文歷史最佳佐證、許多古老石碑均設立或收藏在廟裡。

欣賞寺廟史蹟的八項情報元素分別是：

一、建築格局與環境

　　細心觀察寺廟格局和外圍環境特色，鑽研風水學說和廟宇屬性，同時掌握當地移民文化和產業分析，以及寺廟外觀結構的建構更迭，遷移軌跡等，必能迅速融入寺廟的社會情境，深入掌握虔敬的寺廟文化。

二、屋頂與簷飾

　　屋頂組成元素有屋脊、坡面、山牆、馬背等四大部分，而常見寺廟屋頂形式，多為歇山式、捲棚頂和重簷歇山與攢尖頂、複合式等，尊貴華麗樣貌；脊線也分為一條龍、三川脊、重脊、複脊等，同時也有正脊、重脊之分；而坡面的筒瓦、仰合瓦以及瓦當、滴水，也是常被作為修飾線條的主角；此外以五行學說為裝飾主軸的山牆馬背，變化多端，自然也容易成為觀察焦點；史蹟廟宇通常採用優雅尊貴的燕尾脊，坡面與山牆、馬背，均會實施精緻泥作剪黏，美化修飾生硬線條，憨番扛廟角、七級寶塔、摩尼珠、八仙、三仙，以及富吉祥寓意的花果鳥獸圖案和辟邪物，均是屋頂簷飾常見的鑲塑題材。

三、立面壁堵

　　為寺廟門面，自然容易欣賞建築匠師最精湛的藝術演出，壁堵範圍涵蓋了龍虎堵、麒麟堵、水車堵、墀頭，多寶格以及牆身五堵分別是頂、身、裙、腰四堵和櫃檯腳；選材原則，通常底層和外側壁面，選用耐侵蝕的石材，頂端或內部蔽雨處作品，則採木質構件，以延長建築壽命，亦有助於創作藝術，美化寺廟。

四、碑匾文物

　　為非固定性文化資產，適當擺飾有助於襯托寺院藝文氣息，獨具畫龍晴之效，常見文物有古匾、碑碣、香爐、銅鐘、古文書、燭臺禮器、棟對、文玩、神牌、書畫等，其中以碑匾文書，對於認識與研究寺廟人文歷史和社會傳真，具有舉足輕重地位，絕不可忽略。

鹿港

五、岩石構件

　　岩石特性沈穩厚重，耐風化雨蝕，具有極佳的承重穩定作用，通常用於寺廟底層結構或外圍承重牆堵，常見於牆堵、石柱、礎石、柱珠、石枕、櫃檯腳、石階、御路、旗竿座、惜字亭、石獅、抱鼓石、門窗等輔助性主體結構，應用相當廣泛。

六、木質構件

　　木材是傳統寺廟構件之中，最能彰顯藝術價值，引人入勝之處：作品應用極為廣泛，通常集中於三大區域，1.室內棟架面─主要組成結構為：中脊、桁樑、大通、二通、三點金柱、瓜筒、雀替、神龕等。2.步口通樑棟架面─組成結構為：步口通樑、斗栱、獅座、員光、垂花、豎材，此區屬入口門面，雕刻藻飾，最為繁複精緻，最能代表寺廟蘊涵的藝術文化。3.排樓面─平行於門廳正面的水平構件。有樑枋、彎栱、壽樑、連栱、雀替、豎材、垂花、門扇、格扇、窗櫺、門簪等，亦屬寺院門面主要構

從廟宇節慶熱鬧的人潮、可以親自體會宗教文化對地方人文的影響力。

件，自然也會施作精美考究雕飾，以彰顯寺廟的尊貴華麗和氣派。

七、雕刻方式

通常直接受力之木質構件，均以彩繪裝飾為原則；常見雕刻手法有單純的陰陽單面雕、立體浮雕、透雕以及六面圓雕和複合式雕刻，必須謹慎依據構件功能特性，選擇雕刻形式和題材，以傳達寺廟獨特的風格意境。

八、雕刻題材

傳統建築鐫飾的故事題材，範圍廣泛，舉凡歷史故事、神話傳說或方志演義情節，與吉祥花果鳥獸圖案，均是選材的基本元素，常見有三國志、封神演義、東漢演義、三仙、四獸、五福、六藝、八寶、二十四孝等具教化吉祥意義題材，通常取其諧音、詞意和象徵，即是「圖必有意，意必吉祥」。

國內精緻的寺廟史蹟，充分顯現當代建築藝術的極致風華，同時擁有獨特的時代價值，適宜獨立品味，更應整體思考，才能盡得箇中文化精髓，不致入寶山空手而歸。

三川殿步口廊的員光木雕常能展現特殊風格。

神鑫底層的虎爺亦具有特殊的存在歷史。

永安宮內典雅的木窗。

廟宇之旅

鹿港寺廟巡禮

卜龜是民俗祭典習俗的一環。

鹿港，是座具悠久文化歷史的古城，寺廟密度之高，全台居冠，幾乎是「三步一小廟，五步一大廟」，這是移民社會，特有的廟宇形態，背後主要因素，在於提供離鄉背井的移民，精神及心靈上的寄託與祈求，當然在這過程中，也和鹿港發展有密不可分的關係。

廟多神多，也是鹿港一大特色，早期鹿港寺廟依神明特性及信徒分布範圍與來源，大致分成五種形態：

行業廟—奉祀各行業祖師的寺廟，多已結合當地信徒，轉化成角頭廟，如王渠宮。

閤港廟—全鹿港居民共同信仰的神明，如天后宮、龍山寺、地藏王廟、城隍廟等。

人群廟—由相同祖籍的人群共同建立的鄉土神明廟宇，如南靖宮、三山國王廟、興安宮等。

宗族廟—某一特定宗族及姓氏，為其共同信仰的神明所建廟宇，如施姓真如殿、郭姓保安宮……等。

角頭廟—生活在相同區域居民，共同建造一同祀拜的寺廟，如忠義廟、順義宮……等。

在這五大類廟宇之中，除閤港廟之外，其組織形態都涵蓋了角頭廟的基本特質，隨著時空轉變，物換星移，目前原始的組成要素，多已逐漸消失，自然祇遺留角頭廟的基本特質，而成為鹿港的角頭廟，這也是鹿港特殊的寺廟文化。

以下概略介紹幾座鹿港具人文特色及歷史意義的寺廟，若時間充裕，不妨順道拜訪，當更能深入了解鹿港的宗教文化。

玉渠宮

地址：鹿港鎮大有里車圍巷1
號

主祀田都元帥，為音樂戲曲之神，梨園亦奉為祖師，本為特定族群祭拜之神，但已融入當地生活，轉化為角頭廟性質，又稱「相公爺」，故廟宇所在地「車埕」一帶，鹿港人俗稱為「相公邊」。

依廟誌記載，玉渠宮創建於清乾隆三十年，並於光緒二十九年重修，後經數次整建，始成今日廟貌。相傳田都元帥是唐玄宗寵臣雷海清，生前精通戲曲樂理，曾授封梨園大學士，在宮廷裡掌管戲劇，與雞犬有濃厚情誼，不幸英年早逝，所飼雞犬也無疾而終。

玉渠宮奉祀戲曲之神田都元帥，是國內少見的神祇。

銀犬將軍尊座，神態威嚴，祇有在節慶才會請出遊行。

隨後安祿山造反，玄宗不幸被敵包圍，千鈞一髮之際，雷海清顯靈率金雞銀犬救駕，雲霧中原繡著「雷」字旗幟，被大霧遮擋，倉皇中僅見下半部的「田」字，玄宗誤認是田姓之神，事後敕封為田都元帥，金雞銀犬為左右副將。

聖誕日為農曆六月十六日，往年逢聖誕日，均有梨園義演敬獻，近年則都由爐主與管理人員商議酬神演戲及卜龜宴祭等慶典。

護安宮

地址：鹿港鎮街尾里新興街27號

護安宮巍峨的大門內部雕刻簡潔。

草創於清乾隆五十二年，原為竹管搭建的簡陋廟宇，道光九年改以土埆修築，至光緒六年復購地重建，因香火鼎盛，舊廟漸不敷使用，民國八十一年更由信徒集資數千萬元，倡議擴建，歷時二年餘，落成後廟宇展現巍峨新貌；廟內各項建築雕飾，多出自大陸名家得意之作，精雕細琢，正殿藻井仿古接榫而成，華麗典雅，展現金碧輝煌、宏偉燦然外觀。

廟內主祀代天巡狩的帶旨王爺，泉州先民恭稱吳府千歲爺，亦有稱之吳恩主、吳千歲或船頭王爺等，千秋日為農曆八月二十四日。

廟內收藏一方同治十一年，由當時進士蔡德芳所撰「重造利濟橋」石碑，安置於楊橋公園裡面；另有一尊早年鎮守鹿港的五方土地公－南方福德正神，以及鐫刻福德祠字樣的石碣，彌足珍貴，是印證先民歷史的重要古蹟。

護安宮正殿上方也有精彩藻井。

潤澤宮

地址：鹿港鎮後宅巷7號

鹿港古廟之一，創建於道光元年，由仕紳蘇文龍獻地興建，其間在同治和光緒年間，曾數度重修，廟內右側有一方光緒元年「重建潤澤宮碑記」，罕見黝黑的烏木碑上，記述了當年重建時捐題者姓名和數額，碑面有兩處擦破損痕跡，據說是當年戰亂時被砲彈碎片所傷。

廟內奉祀十三王爺，另外陪祭將軍爺和夫人媽，聖誕日為農

光緒8年「蹈德」、「懷仁」古匾，4字卻分置兩邊十分罕見。

曆六月六日，位於俗稱「後宅」的市場後面，緊臨菜園路和民族路附近。

廟內有造型古樸的剪黏泥塑，與清代精緻的木雕格扇，以及一尊罕見站立的中壇土地公：小巧古老的身影，屈身於神龕底層，需細看才能發現祂的存在：正殿上方則懸有一方光緒二年古匾「澤被群生」，另外尚有多方同治和光緒年間古老匾額，具有獨特的歷史意義，值得悠遊一番。

潤澤宮光緒2年由泉郊施進益號捐獻古匾。

象徵平安富貴的精緻木雕。

文德宮

地址：鹿港鎮文明街44號

　　古廟奉祀溫府千歲爺，本名溫鴻，曾任山西知府，以清廉愛民著稱，相傳當年隨唐太宗出征高麗，救駕有功，經緩封王爺，卻於一次巡海期間遇上暴風雨，不幸殉職昇神，太宗聞訊，特下旨詔建溫王船供全民拜祀，故此尊王爺有所謂遊府吃府，遊縣吃縣的傳說。

　　據說文德宮溫王爺，原是移民攜帶來台的守護神，原奉祀民家，因神威廣大，由張溪數人發起募捐，初建於雍正八年，其間經多次修葺，民國十九年再度重建，當時採用日治時期的建築風格，在鹿港眾多的廟宇之中，也算獨樹一格，內藏「聰明正直」古匾：今日金碧輝煌廟貌，係民國89年拆除日治時期舊貌重建，於91年完工安座。

文德宮金碧輝煌的外觀，民國91年才改建完成。

民國19年重建的文德宮具有日治年代特殊風格。

忠義廟

地址：鹿港鎮郭厝巷73號

　　位於北頭漁村中的角頭廟，奉祀協天大帝關公，也是百年古廟，神龕上懸「峻德于天」匾額，是日治時期鹿港鉅富辜顯榮手跡，陪祀有關平、周倉和將軍府、呂山堂等神祇，與後寮仔代天府及保安宮，均屬地方上的角頭神明，正好雄踞漁村的三角地帶，欣賞漁村舊街風光時，不妨順道前往。

忠義廟為北頭角頭廟奉祀關聖帝君即協天大帝。

順義宮

地址：鹿港鎮菜園路74號

位於菜園路和公正街叉路口，緊鄰鹿港國小校園，供奉順府千歲與玄天上帝，曾是鹿港百年古廟；近來廟方，又自白沙屯，迎回一尊善拉紅線的月老神祇，供信徒祈求因緣，據說十分靈驗，遊客不妨前往試試。

順義宮是位在菜園路上百年古廟、最近又奉祀月下老人吸引不少年輕遊客前往膜拜。

早年古廟內部，鐫塑有精緻樸意的交趾陶，與剪黏裝飾，可惜七〇年代重建時全遭毀棄，為菜園古街的角頭廟宇；而廟後公正路上有連續三座有應公廟，可能也是全省僅見。

真如殿

地址：鹿港鎮成功路28號

為鹿港施姓宗族廟，位於成功路上，鹿港郵局斜對面，此地早年曾是烏魚寮古渡口，惟經滄海桑田，已難窺舊日風貌。廟內供奉玄天上帝，為鹿港極具代表性的宗族廟，旁邊即是充滿傳奇軼事的傳統古街與桂花巷。

真如殿是施姓宗族廟。

真如殿的門神格扇彩繪雕飾別具韻味。

廟宇之旅

龍山寺【一級古蹟】

地址：鹿港鎮龍山里金門巷81號

鹿港龍山寺，為大陸臨濟宗開元寺分寺，有「臺灣紫禁城」之譽，相傳創建於明朝永曆年間(約西元一六五三年)，但乾隆51年卻是公認較合理創廟年代，堪稱全台最負盛名的寺廟之一，屬於國家一級古蹟；

古寺初建時，據說位在大有街(暗街仔)，因香火鼎盛，寺院不敷使用，始移祀現地。龍山寺規模宏大、形制、格局完整，屬於大型佛寺，共有四進三院，自外而內分別有山門、三川殿、正殿和後殿，其間依序有前、中、後三庭，居間區隔；優美獨特的戲亭則是鹿港龍山寺內最具特色的一項建築。

龍山寺巡禮，我們將它劃分成五個單元，分別加以解說，以方便遊客參觀細賞。

山門—前庭

山門，是界定寺廟內外之分際，走入山門即意味進入佛境，可說是寺廟門面，但國內大部分廟宇格局不大，均忽略山門所代表的意義，或改採牌坊替代，因此龍山寺山門的獨特架構，成為全省絕無僅有的建築特色，也是附近居民清晨早起，散步休閒的絕佳場地。

龍山寺山門，入口高敞，屋頂由長柱撐起，採「歇山重簷式」設計。所謂「歇山」是指四面垂簷的屋頂，「重簷」則為兩層式簷頂，意境上極為尊貴氣派；屋頂下方則由層層斗栱和樑枋堆疊，樑栱之間，平衡承擔整座屋簷重量，同時在垂簷外緣，各豎立四根方柱撐起斗栱構架，內置圓柱直通上層屋簷，以穩定山門整體結構，四周再以閩南紅磚和花崗石築砌山牆；遠望山門，簷牙高喙，翼角柔順，適當展現了佛門莊嚴肅穆的寧靜氣息。

往下俯瞰可清楚看到三川殿的屋簷結構。

早晨的山門前庭是居民晨操的好地方。

穿過山門，進入寬敞前庭，兩側設扶疏花圃，以古意石雕龍牆圍護，牆欄上雕有十八尊精緻羅漢神像，花園裡各置一座青斗石獅，面向山門，有護衛佛境與歡迎賓客的雙重意境；石獅是清嘉慶三年，由紳商自泉州運來還願，屬於立體圓雕，造型樸拙，神態威而不猛，逸趣十足。

前庭鋪設的石板路面，全係質地硬實的花崗石材，是由往返兩岸從事貿易的泉廈船戶捐獻，他們利用船隻回程時載運「壓艙石」，以穩住船隻，安全泊岸後，再將石材捐獻寺方，龍山寺

收藏的捐題緣金碑，即記載了裝運磚石的郊商船戶名號。

前庭石質鋪面，採上下二階設計，山門至花圃橫牆線齊，屬第一階，地勢較低，方便雨水洩流；第二階地勢抬昇，四面各留一道排水溝，不易積水、方便雨天行走。前庭另項特色，是在橫排的石板面，夾有數條垂直板帶，這些長形板帶與三川殿的石柱連成一氣，在視覺上產生線性的導引作用，頗具巧思。

聖蹟亭，屹立於前庭八字牆左側門，乍看之下，好像焚燒金紙的金爐，早年曾被遊客誤作金爐使用，寺方才以磚塊堵住投入口；此亭造形古樸典雅，是由燕尾脊四垂簷屋頂，搭配閩式紅磚疊砌的雙層爐身，加上石砌檯基而成，是鹿港僅存的聖蹟亭。

鹿港僅餘的一座聖蹟亭便位在前庭八字牆旁，又稱敬字亭。

前殿(五門殿)

三川殿屋頂正面燕尾有獅咬垂脊和八仙泥塑風貌古樸。

自前庭登三川殿前方,有一面寬敞滑溜的石板斜坡,稱「御路」,是古時候方便輿轎上下的貼心設計;它的寬度恰等於兩根龍柱之間距離,坡度和緩,但面積極大,也是國內最具規模的御路石道。

前殿是由三川殿和左右翼殿組成,共開五門,故又稱「五門殿」;前殿格局寬敞,呈現一種莊嚴素靜的質感。

三川脊中殿高聳,兩翼逐層遞降,主從格局,層次分明,脊端燕尾翹首,線條柔順,祇有簡單樸實的剪黏泥飾;特別是屋頂垂脊前端,係由獅頭咬住,再彎曲垂簷往上挑起,尾端飾以精巧的仙姑騎鶴泥塑,底層則飾端坐八仙,寬敞屋頂應用古老的泉州「筒瓦」鋪陳,古樸素雅,意境莊嚴。

三川殿最罕見的石雕精品,正是殿前那對龍柱,祂是前清時期名家作品,每柱只雕一條龍,但雙龍眼神上下相對,一邊龍頭由下往上急竄,龍身盤柱扭昇,快到柱頂時,龍首猛然回望,另一邊則是龍身下潛,快到底部時,倏忽昂首一轉,正好眼神相對,神態威嚴,線條剛勁有力,被喻為天翻地覆或乾坤交態形式的經典之作;柱身除了祥雲湧浪,另外鐫刻二隻正欲展翅撲啄的白鶴,神韻氣勢和雙龍上天下海姿態,相互輝映。

龍柱頂端樑枋,依稀可見斑駁褪色的彩繪,下層鐫刻鯉魚和蝦、蟹等海中生物,上層則是一條翻騰的蛟龍,象徵魚躍龍門吉兆;不宜雕刻的樑柱則彩繪泥牛入海,白馬馱經…等有趣的歷史故事。

樑枋前方懸垂短柱,俗稱垂花,精雕為象徵富貴的牡丹花籃,垂花外側豎材,則雕成仙女、瑞獅和祥鳳等不同造型,別具情趣。

三川殿步口前廊，雕飾承托斗拱的獅座，造型古樸；獅座前後彎枋、員光各個精雕細琢，有花鳥古器圖案或武松打虎、鎖陽城等歷史演義故事，極為精緻。

　　門楣外側則雕飾兩隻「螭」首，相傳「螭」是沒有角的龍，性好踞高望遠，昔日宮殿階柱器物都雕此形飾；門柱下方則是抱鼓石和石枕，龍山寺抱鼓石高可及人，兩面刻成螺旋形，正面作垂巾，座端刻飾童子，造型渾厚穩重，功能和石枕相同，都是用來穩定門柱，防止鬆動。此處青斗石枕也是雕飾華麗，上面浮刻傳說中的神龜馱書與龍馬負河及花草鳥獸圖案。

　　三川殿門神彩繪，為鹿港名師郭新林傑作，中門是身披靛青綴帶，手執寶器的「韋馱」、「伽藍」兩位護法，線條細膩，

嘉慶年石獅造型古樸神態威而不猛。

神情不怒而威，是門神彩繪中的精品；兩側邊門則是背插笀旗，拂髯捋劍的四大金剛，鎮守佛門；最外側翼殿門神，展現的是手持如意爵器和牡丹的文仕，以及持冠捧鹿文官，象徵「富貴晉爵」與「加官進祿」之意，充分展現中國傳統寺廟建築藝術的上乘意境。

　　入口中門，以圓篆對聯書寫：「龍山開鎮源流遠，鹿水重興慈澤長」充分展現了創寺的意義，旁邊門扇的螭形香爐，內藏二大四小的螭虎，即表示香火不斷，子孫滿堂。而賜福太極窗，則採雙面透雕，中間太極部份以兩魚喻兩儀，生四象則以中央四條小龍示之，八卦則以八邊形隱喻，角落另置四隻蝙蝠為「賜福」之意，兩側再飾以「士農工商、漁樵耕讀」人文巧雕，內面則是

三川殿夜景別具風華。

鹿港

代表富貴的古錢圖案，造型質樸，氣韻優雅，都是蘊含歷史典故與民俗趣味的藝術精品。

龍堵鐫刻呈翻天覆地姿態雙龍石雕，另暗藏四尾活躍鯉魚，隱喻鯉躍龍門之意；外側多寶格，則雕飾了鰲魚、香爐、蝙蝠等吉祥圖案，對面虎堵則為伏虎石雕，伏虎者站立高崗，底下雕塑造型可愛的大小老虎，昂首相對，舐犢情深，完全不理會伏虎者摩拳擦掌的神情，刻工細膩，相當溫馨有趣。

龍門和虎門牆堵，則鐫刻了蒼勁古樸的「風調雨順」四大天王石雕，分別依天王所持武器命名，持劍生「風」，懷抱琵琶曰「調」，撐傘天王謂之「雨」，身披小龍者為「順」。牆堵下方，仍有雅致石雕，可惜多風化剝蝕，僅從模糊的紋樣，分辨出象徵逐鹿中原的「竹」「鹿」雕刻和代表多子的石榴和麒麟送子隱喻雕飾；廊牆頂端，泥塑象徵文武雙全的書劍和文房用品，簷角則以大象，表徵佛境與「太平有象」之意，最外側牆柱墀頭則以祥獅裝飾，手法圓熟，意境深遠。

戲亭—中庭

古榕相擁的戲亭風韻更為迷人。

精雕的魚龍雀替傳說具有避火功能。

戲亭位於三川殿後方，是歲時祭典，酬神演戲的場地，龍山寺將戲台經過特殊設計，再融入整個寺院建築的作法，充份展現設計者匠心獨具的上乘功力。

戲亭精髓，在內殿上方，有台灣現存跨距最大，最古老的八角藻井。細看龍山寺藻井，外圍先以十二組大型斗栱構成方形栱架，再由十六組小斗栱，依序往上搭疊五層，並向頂心集中，呈現八角形橫豎交織、脈絡分明的蛛網藻飾，整座結構完全不使用鐵釘固定，而採榫頭連接；頂心中央則畫上金龍盤繞，龍口部位綴飾銅環，當初是承吊古鐘之處，傳遞出佛寺肅靜莊嚴與豐富的民俗藝術之美。

藻井是由層層樑枋斗拱巧妙接合搭構而成，彼此間接或直接承載重力，因此不能在上面雕飾，藻井即成了龍山寺內，彩繪最精彩，也最具代表性的地方。

龍山寺藻井彩繪，為民國五十三年重修作品，當時網羅了鹿港知名書畫大師郭新林、黃天素、黃世傳、歐陽錦華……等，為其間的樑柱斗栱，施以書法彩繪，增添富麗華美的裝飾效果。

龍山寺藻井彩繪，除了頂心金龍，大致可分成二個部分，其一為頂端八角斗栱，每個栱座分別漆上鮮麗的紅、綠、靛青三種顏色，再施以傳統白色浪紋雲飾，在層層交錯的色彩裡，呈現一份肅靜和諧、富於變化的美感。

第二部分，則是樑枋構架的彩繪，也是精華所在，常見彩繪除了中國傳統圖案和花紋，兩側邊框用亮麗多變的彩色圖案鋪陳，中央部位則是一幅幅精緻的山水、人物和花鳥畫面，有單純的吉祥圖案，也有充滿寓意的歷史典故，構圖嚴謹，線條流暢，人物姿態自然傳神，令人百看不厭。

跨下前庭石階，回頭觀賞宏偉的戲亭建築格局，可發現戲亭屋頂形式，屬歇山重簷的變體設

廟宇之旅

晨光透過石板窗，別有一番意境。

計，因戲亭原為酬神演戲之處，故將朝向正殿屋簷，作截斷抬昇設計，同時將抬昇後的垂簷向兩側擴展，從轉角處觀賞，屋頂形成三重簷的挑高空間，氣勢更加巍峨宏麗。

戲亭屋頂弧形流暢的燕尾飛簷，鑲有精緻的鯉魚泥塑裝飾，垂簷尾端可見殘破古樸的仙人塑像；吊筒豎材和樑枋雀替，則仍延續三川殿繁複精緻的華麗雕飾；特別是戲亭山牆尾脊下方，綴飾一個泥塑洋人，紅紅的臉蛋，姿態半蹲，就像用力扛住屋簷，表情傳神，造型非常可愛，

這就是俗稱「憨番扛厝角」；相傳這些造型古拙的泥偶，都是以外國人造型為主，因為中國長期受洋人欺負，但又敢怒不敢言，國人深信祇要做一個相同人偶，將它壓住，即可震懾對方，也讓自己吐一口晦氣，「憨番扛厝角」的傳統建築技藝，就這樣延續下來。

戲亭前方，兩株百年古榕，屹立於寬敞中庭，龍鍾的老樹，蓊蔚蔥鬱，讓單調的中庭增添了綠意美感；中庭是看戲之處，也是誦經禮佛之所，整個空間透露出莊嚴寧靜的氣氛，展現一股獨特的祥和意境。

造型憨原有趣的憨番扛廟角。

兩側則是古色古香的廂廊，由十一組斑剝的朱柱構成，是昔日收容避難遊民之所；南邊護龍盡頭，便是一口置於蓮花座上，曾經失而復得的古鐘，高約二公尺，直徑一百二十公分，重逾千斤，是清咸豐九年由八郊船戶和商行，自浙江寧波製作捐獻，故又稱「寧波古鐘」。

北側廂廊牆面，則鑲嵌了歷年重修龍山寺古碑，分別是清道光十一年，由台灣府北路理番鹿港海防知事王蘭佩撰沐的「重修龍山寺記」，和記錄重修獻金船戶商賈名錄的「重修龍山寺捐題緣金」烏石碑，與道光二十七年六月之清醮勒石碑，另一方嵌於前殿廂房山牆，則是民國五十四年重修撰立，碑文裡扼要闡明立碑緣由，是研究龍山寺人文史實的絕佳素材與佐證。

飛簷插天的山門，結構繁複。

拜亭—正殿

自中庭觀賞正殿，飛脊重簷、廟貌巍峨，暗緋的屋瓦和牆飾，令人油然而生一股莊嚴肅穆的禪念。

拜亭是拜天之殿，也是免除香客信徒祭拜時，遭受日曬雨淋的貼心設計。拜殿上擺置一座大香爐，讓信徒先虔拜「天公」，再對內拜祀主神，表示對天地的感恩及尊奉。

拜亭建築仍具中國傳統風貌，樑枋木雕、豎材垂花均採精緻的浮雕鑲飾，雕法細膩、層次

龍山寺廂廊裡古碑和昔日大樑均是珍貴文物。

分明：撑起拜亭的石柱群，亦都是極具歷史價值的建廟文物，分別屬於道光庚寅年間和咸豐二年所刻，石質均屬花崗岩，線條剛勁，尤其鮮活的祥龍石柱，翻騰盤旋，昂首相對，為清代中葉的龍柱精品，底層為八角柱珠，四周雕鑿造型迥異，栩栩如生的駿馬、以及麒麟和吉祥文物，具有極高的藝術價值。

正殿是宏寬的五開間建築，兩側翼廊闢置磚石疊砌的八角門，穿透感十足，加上兩側以紅磚灰泥構成的古典線條，讓八角門廊呈現古色古香風韻。

門畔則是道光年間古老石柱，拱衛著卍形木窗，斑駁褪色的窗檻，顯現古老的木質原色：

中門兩邊長形門扇，則以緋色素雕彩繪裝飾，優雅古意。

正殿供奉主神觀世音菩薩，據說非常靈驗，相傳當年對日抗戰時期，日軍飛機不斷在鹿港上空投擲炸彈，有人目睹觀音菩薩顯靈，在天空中張開白色衫裙，將日軍炸彈逐一兜捕，再投入外海，減少了許多傷亡，此事在老一輩鹿港居民，印象依然鮮明。

正殿供奉的主神鎮殿觀音，是民國五十一年寺方敦聘名匠雕刻，兩側陪祀韋馱、伽藍兩大護法，而早年供奉的開山觀音神像，已不幸於日治時期後殿的大火中焚毀，祇餘當年拍攝的神像照片，置於神龕內，供信徒祀拜。

慶典期間人山人海的龍山寺。

殿內兩側，附祀廟境的守護神－境主公，和主司婦女生育，保佑幼兒產婦的註生娘娘，以及專司治理水域的龍王尊神。每年端午節前夕，廟方都會將龍王尊神請出正殿，舉行龍王祭，庇佑當年風調雨順。

殿內兩側，則是內置十八羅漢神像的兩座長形佛龕，裡面除了伏虎尊者，是當初後殿失火被搶救出來的倖存神像，其餘都是民國十七年從大陸禮聘名師，再依原貌雕刻補齊；羅漢神像採對稱並立排序方式，降龍尊者對稱伏虎尊者，進果對稱進花……等，相當有趣，無妨留意觀察。

後庭─後殿

穿過正殿，即走進寬闊寧靜的禪修後院，庭院上為印證龍穴之說而開鑿的龍泉井，此刻已被

咸豐年間的寧波古鐘曾經失而復得。

封上鐵蓋：圓形稱龍眼井，方形稱龍口井，當年泉水清澈涼冽，入口甘甜，曾是汲水品茗的好水，也是鄰近清苦居民的飲水來源。

後庭兩側仍有古樸的短廂及側門設計，以方便信眾出入後殿誦經禮佛；後殿原稱北極殿，奉祀北極大帝，左右設立龍神與風神位，民國十年深夜，後殿突遭大火，諸多神像及鎮廟文物，除唐鑄觀音與伏虎尊者外，全遭焚燬，迨至民國二十五年寺方向本願寺力爭，才獲准重建。

香煙繚繞的龍山寺後殿古意十足。

　　後殿建築形式和使用建材，日式風格鮮明，迥異於前殿及正殿的傳統規律，偏向簡樸又融入有秩序的繁複傳統；致廊下樑枋木雕，與員光或獅座，雖亦刻劃入微，立體感十足，卻都保持原木素色，不施彩繪，顯然受到日人深遠影響；連帶門扇設計，也獨樹一格，細看，雖然仍可找到五門殿的形式架構，但走近細瞧，便會發現，每座大門是由六片門扇構成，正門寬敞，仍以傳統門板彩繪哼哈二將神像裝飾，偏門較小，則設計二片長形格扇開合，創意獨具。

　　後殿龍柱，採本土的觀音山石雕刻，石質灰濁，不像花崗石清凝，雖然雕工細緻，但總是缺了那份蒼勁渾厚的質感，風格顯著不同。柱上除了轉折起伏的蟠

龍，還有螭虎、蝦、蟹等海中生物及八仙隨侍，柱珠則以象徵「馬到成功」的駿馬雕飾。牆堵間除了簡潔泥塑，還可欣賞樸拙的磚雕。

　　後殿主祀阿彌陀佛，又稱「無量壽佛」、「如來佛」，是佛教淨土宗的主神，在正殿神像後面的日式神龕裡供奉的阿彌陀佛神像，便是當年自本願寺移祀的佛像；兩旁則有藥師如來與地藏王菩薩陪祀，殿內空間除了供桌神龕與光明燈之外，沒有繁複藻飾，更可感受那一份寧靜安祥。

　　後殿兩翼，規劃有禪房靜室，以前是禪師、高僧前來傳學誦經時住宿的地方；殿後有靜園，花木扶疏。寺後本有一方澄潭，今已淤塞廢棄，成為偌大寺院的洗手間所在。

　　龍山寺為國家一級古蹟，無論是極致的建築設計或動人的人文史跡，以及精緻的雕繪藝術，均彌足珍貴值得遊客仔細欣賞，不論採取龍門進虎門出的欣賞模式或定點悠閒觀賞方法，都值得花半日以上時間，細細品味古寺院之美；建議最好攜帶望遠鏡，更能讓你收穫豐碩，滿載而歸。

龍山寺的哼哈二將門神彩繪，極為精緻獨特。

天后宮(舊祖宮) 【三級古蹟】

地址：鹿港鎮中山路430號

　　天后宮，是鹿港香火最鼎盛廟宇，雖然號稱具有三百餘年歷史，但廟內珍藏文物，仍難以支持自稱的創廟歷史，致眾說紛云，故目前祇能概略推測可能創建年代，大約在十七世紀末葉，即清康熙年間。

　　天后宮奉祀天上聖母，亦稱媽祖，為近海居民，普遍崇敬信仰的海神，神跡顯赫，鹿港人可是深信不疑，逢年過節經常有人前來祈求還願；相傳有一年媽祖遶境，遇上大風雨，天后宮管理

天后宮是鹿港香火最為鼎盛的一座廟宇。

委員會執事，燒香祝禱，請媽祖祭出「風雨免朝」牌令，風雨迅即平息，讓參與遶境信徒嘖嘖稱奇，對媽祖的崇敬信仰，也更為虔誠而堅定了。當時祭出的牌令，目前蒐藏於媽祖文物館之中。

　　鹿港天后宮，除了豐富的人文歷史，更有可觀的建築藝術精品，它巧妙結合了宗教藝術與建築技術精粹，呈現獨特的寺廟風華，值得遊客細細品味。

　　三川殿，是天后宮最具代表性的藝術佳構。依民間傳統，王爺將相廟宇地位較低，廟門祇能三開，媽祖因屬天后之尊，故得

天后宮創廟百年的鎮殿媽祖妙相莊嚴。

廟宇之旅

窗櫺雕刻三國演義曹操割鬚斷袍趣事，造型栩栩如生，十分可愛。

以開設五門，以示尊崇；故天后宮三川殿，即設計有雙邊八角門和入口三扇大門，合稱五門殿。仔細欣賞三川殿精彩的雕飾結構，可以發現它的廊牆窗櫺，多運用不同材質的石雕鑲砌而成，唯屋簷下方的員光斗拱雕飾，始以原木彩飾雕琢而成，這也是它和龍山寺三川殿最顯著不同處。

自右側廊牆細看，頂層牆堵青石鐫刻作品，是中國歷史著名的「四聘」——「文王聘太公」，中間戴斗笠閒坐樹下垂釣的是姜子牙，旁邊下轎作揖的則是周文王。往下壁堵，嵌飾雕工細膩，為線條分明之「祈求吉慶」石雕，威武神將手舉軍「旗」，

一旁麒麟童子則盈握彩「球」，合指「祈求」之意。對面廊牆則雕飾持「戟」將軍與禮佛「磬」器，兩牆合稱「祈求吉慶」，意蘊吉祥；裙堵浮雕，則展現威武鷹揚和咆哮黑熊爭奪錦雞石刻，象徵「英」「雄」奪「錦」之意，皆是取其諧音寓意，且每面壁堵雕法細緻，不論人物花草皆栩栩如生，值得細心品味。

側廂八角門，應用圓潤厚實的花崗石結構，門楣空間雖然不大，但雕飾仍不馬虎，上方鑲嵌了三面浮雕，同時紋飾門框四角，襯托了八角門典雅古樸的迷人風格；內側兩扇斑駁古門上，依稀可見象徵「忠」「孝」的彩繪，其一為諸葛亮「鞠躬盡瘁」，另扇門為余人傑「望雲思親圖」；虎邊古門則彩繪代表「廉」「潔」意義的「楊震不昧金」與「蘇武牧羊」彩繪，表情傳

媽祖巡狩儀仗象徵天人合一。

神，是鹿港彩繪名師郭新林的作品，與矗立正殿屋脊上的立體塑像，相互輝映。

龍虎堵，是三川殿極具特色的大型石雕；所謂龍虎堵依廟宇座向，取左青龍右白虎之意，即面向廟門右側為龍堵，左是虎壁。龍堵浮雕「畫龍點睛」故事，細緻的青斗石上栩栩浮現，書僮捧硯，張生沾筆點睛，霎時雷電交加，雙龍扭身翻轉，乘雲騰空，彷彿將要穿壁而出，十分逼真。

虎壁展現的立體雕作，則是保生大帝吳真人，自張牙舞爪的猛虎口中，取出被梗住的骨頭，蘊藏有出虎口，趨吉避凶寓意。下方牆堵，鐫刻四隻螭首吉獸圍繞組合而成的香爐，四角且刻有四隻蝙蝠，隱喻「賜」「福」之意。而「爐」音近「祿」，整體作品具有「賜福祿」的意旨情趣，其雕技工法渾厚，與青斗石細緻的雕鑿手法，明顯不同，互異其趣，呈現另款古拙憨厚的民俗風格。

走過龍虎堵，楹柱兩側俱是象徵平安富貴、長壽吉祥的花鳥素雕，其中門楣兩側，還鑲飾中西合璧，造型可愛的揚翅天使，

簷下斗拱有趣的人像造型木雕為憨番扛廟角的精彩作品之一。

傳遞出民間藝術的幽默感與創造力。

正門兩側石質窗櫺，採罕見的透雕手法鐫刻而成，背景鏤空，窗上人物表情生動，刻劃入微，纖毫畢露、衣裳紋飾皆是線條分明，呈現立體透雕豐富又多樣的民俗風情；每一面雕窗，各闡釋了一段有趣的三國演義故事，有劉備招親和曹操割鬚棄袍等，亦是石雕精品。

雕窗下方為深雕麒麟堵，它的雕鑿手法似螭首吉獸，呈現出古拙之美；右側牆堵肢體動感的開口麒麟為雄性，大門另側則是雌麒麟，神情互異，昂首隔門對望，似乎顧盼自憐，卻又深情無限，趣味十足。

正門楹柱下方，便是具有穩定作用，雅致的花崗石枕與抱鼓石；石枕岩面光滑，常是稚兒坐臥嬉戲之所；抱鼓石較高，兩側

鼓面刻飾螺旋紋樣，線條簡潔，石質表面也因多年觸摸，呈現光滑細緻的質感，流露出另種樸雅柔美風情。

三川殿前龍柱，龍身蟠曲，翻轉下潛，當快到柱底前，卻又倏忽昂首，狀若衝天之姿，底部雕成海浪起伏，整體龍柱設計，彷如一條神態矯健的祥龍欲破海乘雲而去，雕刻手法細膩飛揚，層次分明，為龍柱雕刻佳構，可惜廟方為保護龍柱，以鐵欄圍住，彷彿一條被關住的神龍，裁切了它的美感，有點突兀也有點可惜！

自龍柱頂端往上看，藍色彩繪「螭首拱」，突出簷下，上置金缽斗座，以承載簷樑重力，拱下雀替細雕坦胸露肚的可愛洋人，高舉雙手，頂住上面斗座，造形古樸，神情愉悅，趣味十足。視線迎向步口廊簷下木雕，金光閃閃，雕飾繁複，展現精緻寫意的上乘雕工；簷廊內部由連續縱橫的繁複斗拱構成，高低錯落，層次分明，搭配祥雲狀斜拱，組合成宛若網目般綿密繁複的承架結構，流露出傳統且講究的古風。斗拱下方為精雕細琢的獅座，兩隻鑲飾金箔的獅首互望，面露難色，扭曲的身軀與神

天后宮香火鼎盛，尤其慶典節目更是人潮洶湧。

情，似乎無法承受栱架負荷之重；而螭栱短樑表面則以用色華麗的祥雲圖案為框，中間部分再以傳統國畫技法，描繪三國演義「張飛大鬧長板橋」情節。樑下金碧輝煌的雕花板稱「員光」，其間也鉅細靡遺地雕出封神演義中姜子牙大戰金雞嶺情節，人物造型，栩栩如生。

欣賞過三川殿瑰麗的雕飾彩繪，轉身跨入內殿，迎面而來，便是有些殘舊斑駁的門神彩繪；廟宇門神通常左稱「門丞」，右稱「戶尉」；正殿門神，通常皆由歷史演義裡的武將擔任，像神荼、鬱壘或秦叔寶、尉遲恭等，但天后宮青龍邊彩繪門神為手捧「牡丹」與「爵器」的文官，象徵「富貴進爵」之意，另一邊則是奉祀女神廟宇特有的宮娥門

神，姿態莊嚴，纖毫畢露，呈現彩繪中國傳統人物肖像的上乘畫風。

自內殿抬頭上望，一座精緻華麗的八角藻井映入眼簾：藻井是中國傳統建築裡，極具巧思而繁複的技術，它應用八角造型，完全不用鐵釘接合，先將二十四組斗栱巧妙堆疊四層之後，轉為十六組，層層向中心集中，形成深邃的藻井空間，同時在下層斗栱間，安置精雕的垂花吊筒，令華麗的藻井增添多樣變化，底部角落交叉處，各安置精釆的瑞獅木雕，神態互異，十分可愛。藻井下方的樑枋彩繪，則呈現許多有趣的歷史典故，有伯樂相馬、桃源問津、陶恭三讓徐州等，都是當代彩繪名家的手筆。藻井後方的樑枋斗栱，則分別刻成代表「人生四暢」的有趣人物

純金打造價值不菲的黃金媽祖神像，造型莊嚴。

造型，每座皆由老翁和孩童構成，神韻逼真，為莊嚴的廟宇，憑添許多趣味。所謂人生四暢，指的是抓背、掏耳、呵欠、挖鼻等，是為生活中最暢快的小動作，卻能讓人舒爽有勁。

三川殿內側龍門山牆，為鹿港彩繪大師郭新林力作的一幅伯牙學琴壁畫，簡潔有力的勾勒線條，將畫風人物表現的淋漓盡致；對面山牆則是另一位鹿港書畫名家黃天素作品，主題為「福在眼前」，八仙之一的李鐵拐橫躺於草蓆上，悠閒地將手枕於酒葫蘆上，眼神不經意地注視著二隻飛翔蝙蝠，神情似乎若有所思，極富禪意，兩人風格迥異，值得細心品味。

中庭兩側廂廊分別珍藏媽祖的巡狩儀仗，一邊各有36枝代表三十六天罡，兩邊共72枝則表示七十二地煞，若再加上新祖宮內，擁有的36枝儀仗，則共一〇八支，象徵了天地合一之境。而右側廂廊牆邊的嘉慶年間重修鹿溪聖母宮古碑，和同治年間的重修廟宇碑記，以及左廂的鹿港舊街地圖與古鹿港沿革簡介，都是研究天后宮歷史沿革的重要文物，有助於遊客進一步了解鹿港的人文和歷史。

正殿供奉的媽祖神像,傳說是清康熙年間施琅渡台護佑的湄州「二媽」神像,迄今已二百餘年歷史,珍藏於小神龕內。相傳奉祀初期,聖母神像原本為粉紅面,經多年香煙薰燒而成黑色,故又稱「黑面媽祖」或「香煙媽」。正殿樑枋挑高,鏤刻精緻,尤其媽祖神龕更是有如小型宮殿般精雕細琢,將傳統木雕細作技術發揮得淋漓盡致,祇是原本華麗色彩,都因煙薰而顯得有些黯然,卻也適當流露出古廟的樸拙風情。

正殿右側廂廊附祀境主尊神和太歲廳,另一邊則奉祀註生娘娘,和當初獻地建廟的施世榜長生祿位,入口門額上,還立有「功垂八堡」匾額,以頌揚他的功勳。

鹿港書法名家作品「蝠」在眼前,畫風韻味上乘。

後殿稱凌宵寶殿,為近代增建樓宇,供奉玉皇大帝和神農大帝,以及觀世音菩薩、女媧娘娘、水仙尊王等神祇,殿內雕刻仍沿襲舊風,祇是多了金碧輝煌的尊貴氣派;樓下為媽祖文物館,陳列展示許多歷年的媽祖文物,包括清朝錫器香爐、謁祖神龕、鳳輦木雕、歷史照片、鰲魚雀替、儀杖、吹號、佛器…等。

匾額也是天后宮,極具歷史意義的收藏品,正殿頂端,懸掛有歷代皇帝御賜古匾,有乾隆御筆的「神昭海表」和得至新祖宮敕建的乾隆御書「佑濟昭靈」,還有光緒皇帝敕賜的「與天同功」古匾,而前總統李登輝題贈的「靖海安瀾」,則懸於凌霄寶殿上樑。除此之外,尚有清代歷任文武官員的匾額不勝枚舉,分別懸掛三川內殿門額之上或廂廊之中,靜靜訴說天后宮顯赫悠久的歷史風華。

凌宵寶殿前雄勁壯麗的龍柱和典雅格扇風情獨特。

威靈廟(大將爺廟)

地址：鹿港鎮菜園路95號

威靈廟又稱大將爺廟，當初與地藏王廟、天后宮、城隍廟等俱為鹿港的閤港廟，但時運不濟幾乎已淪為頂菜園的角頭廟宇。

大將爺廟創建於清康熙年間，據說剛由唐山分靈來台時，恰好遇上鹿港發生瘟疫，鎮民有求必癒，因此便由鹿港黃姓望族捐地建廟，其間數次增建重修，分別在乾隆九年增建，而在嘉慶二十年(西元一八一五年)由八郊重修天后宮餘資撥款重修，此事曾明載於「重修鹿溪聖母宮碑記」，光緒十七年再次重修。

可惜日據時期，實施市區改正，當時廟址正好位於現址道路

廟前菜園路中央便是舊廟遺址。

中央，雖經力爭改道無效，民國26年拆毀，百年古廟悉遭拆除殆盡，祇好暫時奉祀於於順義宮，直到光復後，始集資陸續於現地重建新廟，落成後廟貌煥然一新，卻也因遷地重建，失去了古蹟價值，而未被劃為國家古蹟。

威靈廟為傳統三殿式建築，正殿主祀大將爺，即明朝民族英雄劉鋌大將軍，即俗稱的劉大刀，並祀專司押解人犯鬼魂的謝必安將軍(俗稱大爺、七爺)，以及范無救將軍(矮仔爺、八爺)，與牛頭、馬面和枷爺、鎖爺等神將，神龕兩側還雕塑有相貌肅穆的文武判官，神情威嚴；而手持枷鎖的差官也冷峻地怒視前方，在昏暗燈光下，呈現一股陰森凜

西方土地公陪祀在翼廡之中。

冽之氣，令人不寒而慄。據說子夜之後，關閉的大將爺廟內，經常傳來棍棒擊打和淒厲的哀嚎聲音，致膽小者夜晚常不敢獨自從廟前經過。

殿內兩側分祀七宮夫人與西方土地公，同時另設兩座大型櫥龕，安置協助大將爺賞善罰惡的六神將軍大型尊座，所謂六神將軍即指俗稱七爺八爺的謝、范兩將軍再加上周、董、魏、熊四位將軍，這也是全省唯一設有六神將軍廟宇；每當大型廟會遶境，六神將軍隨大將爺出巡，往往吸引了無數好奇圍觀的民眾。廟內正殿左側奉祀兩尊獨特祠公媽神像，象徵祭祀昔日大眾爺塚內的無祠孤魂，這也自然展現了鹿港居民仁慈厚道的溫馨之情；另外在殿內右側一尊年輕神像，係大將軍義子劉招孫，曾與大將爺於明朝萬曆四十七年力戰不屈，雙雙戰亡，相傳大將爺原是玉面秀士，因戰亡而血洗英雄面，遂由白轉紅，其神面與關公同為紅色，均喻其忠烈。

廟內珍藏，嘉慶乙亥年重修時的「威靈顯赫」古匾，及清代福建雕刻名家的七爺、八爺木雕神像，據說已近二百年歷史，其造型冷峻、懾人心魄，其他如龍

嘉慶年古匾是完整記錄鹿港八郊存在的早年文物。

形錫雕燭台、雲紋鑲鐵關刀等，皆是廟內重要文物，只是具古蹟價值文物，多在拆廟之際，毀損滅失，非常可惜。

民間傳說大眾爺是陰司鬼王的統稱，也是專門管轄厲鬼，似神又是鬼的神靈，由於大將爺台語音近似大眾爺，早期信徒不察錯以大眾爺奉祀；另一說為清代為了避嫌，故將劉大將軍當做大眾爺祭祀，故衍繹該廟為陰廟；鹿港傳統的七月，即由地藏王開鬼門，而由大將爺負責收庵，將鬼魂趕回陰曹地府。

故威靈廟一年兩次節慶，即是每年農曆五月二十七日大將爺聖誕與七月的中元普渡祭典，經常吸引了許多慕名而來的遊客，共享盛會。

光復後重建廟宇碑記是菜園當地文人黃天素題書作品。

三山國王古廟【三級古蹟】

地址：鹿港鎮中山路276號

三山國王，為客家人守護神，原屬廣東省潮州揭楊縣鄉土神祉，每當潮州客家人遷徒移民，總會隨身攜帶三山國王神像，以求保佑平安；故而在客家人聚居處附近，即很快創建三山國王廟供客籍鄉民祭拜，因此古廟，即成為考據早期開墾台灣的客家族群遷徒歷史的遺跡。

三山國王廟，有段傳說指出，三山為廣東潮州近郊的三座山峰，分別是獨山、巾山、陽山，傳說唐朝時期，潮州洪汛成災，居民向附近三座山祈求之後，隨即雨霽雲收，天氣轉晴，於是便尊奉這三座山為「山神」；而三山國王的封號，據傳

狹窄廟貌是專屬客家祭拜之人群廟、後來亦淪為角頭廟。

係南宋時，內亂頻傳，昺帝御駕親征，不幸遇伏，狼狽逃至潮州一條大河岸邊，當時眼見前有洶湧的溪水擋路，後有追兵，自忖無望之際，突然自附近山頭衝出二員猛將，各率精兵，將叛軍打得棄甲曳兵，倉皇逃走；事後封賞時，獨不見三員猛將蹤影，經派人查訪後，方知是三位山神顯靈相助，因此便敕封為三山國王，即獨山明王、巾山之神與陽山之神，後來終逐漸成為客家人普遍的信仰。。

三山國王廟，創建於清乾隆二年(西元一七三七年)，原址位

象徵平安富貴道地客家色彩的裙堵彩繪。

小片傳統木雕有多元意涵、代表了客家人無數的內心祈求。

於今日中山路與民權路交叉路口，當時占地十分廣闊，廟宇建築氣勢恢宏，瑰麗偉岸，絕非今日狹窄廟貌可以比擬，是專屬客家人祭拜的「人群廟」。

可惜日據時期(大約民國二十六年)實施鹿港街市區改正，宏偉的廟宇霎時被夷為平地，祇好遷移至現址重新建廟，但面積銳減，祇餘今日所見廟門寬度，加以省籍衝突與排擠結果，客家人在鹿港更難以立足，國王古廟香火也隨之式微，淪為當地的角頭廟。

客家廟與閩南泉州式寺廟不同，其雕飾較樸拙厚實，多採浮雕彩繪裝飾，而閩式廟宇則多利用浮雕、圓雕和泥塑彩繪等綜合技法鑲飾，故較花俏華麗而變化多端。這三山國王廟貌，在歷經多次重修後，客家風格幾乎喪失，祇餘廟門兩道門扇上面殘存的精緻雕飾，還能突顯昔日客家廟宇的道地風采。

其雕刻題材多來自中國傳統神話、歷史人物故事或豐富而多樣化的吉祥圖案，將欲傳達的故事內容，運用分層雕刻手法，細膩的組合表現出來，如牡丹花瓶即象徵富貴平安之意，佛手柑、仙桃、石榴即代表多福、多壽、多子，四隻蝙蝠則表示「賜福」之意，反映出居民透過宗教信仰的心靈寄託，所展現的願望和祈求。

此外廟內尚珍藏一對道光甲辰年的雕琢石柱，與見證客籍移民在鹿港艱辛奮鬥，卻遭排擠歧視之乾隆五十五年諭立的奉憲示禁碑。當年粵籍人士欲自鹿港返回大陸，常受到海關加索紅包無禮刁難，最後由數名客家監生，聯名呈請官府立碑明文禁止，是廟內彌足珍貴的鎮廟文物，也是研究客籍移民的珍貴史料。

廟內供奉的巾山、獨山、陽山國王神像形貌各具。

興安宮【三級古蹟】

地址：鹿港鎮中山路89號

　　鹿港興安宮原名興寧宮，創建於清康熙二十三年(西元一六八四年)，是鹿港最古老的媽祖廟，距今已有三百餘年歷史，是目前鹿港地區五處國家指定三級古蹟之一。

　　據文獻記載，福建興化人是鹿港最早的移民族群，興安宮即是由興化人所創建的開基媽祖廟，它除了成為鹿港興化人的信仰中心，也見證了福建興化人民來台，開發鹿港的一段史實，同時更是興化族人在鹿港的會館與行政中心，其地位已遠遠超越人群廟的傳統分際。

　　興安宮與其他鹿港古廟一樣，其座落方向皆朝向河口，宮後緊臨昔日鹿港大街(今中山

宮內收藏置放供品的珍貴木盤。

興安宮是鹿港最早興建的媽祖廟。

路)，廟貌面窄縱深，為鹿港典型的店屋式廟宇，但依興安宮珍藏的清咸豐三年古圖顯示，當時寺廟的規模、格局和氣勢遠較今日宏偉，當時建築格局為單進兩廂三層式廟宇，門前擁有寬敞的三階鋪磚廟埕，前埕兩側設置一對昂然旗杆座，右側築蓄一口魚池，四周遍植松柏綠樹，景象恢宏，充份顯示興化媽祖廟當時璀璨繁盛的黃金歲月。

　　可惜隨著鹿港正式與蚶江對渡之後，閩粵移民大量遷徙鹿港，廟產迭遭惡意侵佔，最大錯誤則是光復後的廟產登記作業疏失，誤將興安宮登記為興化宮，致許多廟產無法收回，事後，雖經正名改為興安宮，但卻難以挽回頹勢，而逐漸淪為屈居一隅的角頭廟。

廟宇之旅

181

興安宮典藏的歷代文物相當豐碩，其中以三百年前興化先人自湄洲媽祖廟恭請分身來台的「軟身媽祖」，最具歷史意義，祂不但是興安宮目前的鎮廟之寶，也是台灣媽祖信仰文物中的瑰寶，為防失竊，目前收藏於廟宇管理人親戚的家屋裡，接受膜拜保護。

其他宮內收藏古物，有前殿廂壁嵌立的奉憲勒碑，為光緒十三年文物，碑文告示興安宮既有的資產明細和主張，它遙相呼應了乾隆五十年的一份曉喻文書內容，和咸豐年間的古圖及說明，透過這些文物當可明白興安宮的資產現況。

而懸掛於正殿神龕上方的咸豐二年「奠安山海」古匾，匾上落款刻有「聖母公記」與「興化會館」兩枚印記，無形中為興安宮當年的組織和功能作了見證，而拜殿上方懸之「慈航普渡」光緒年間古匾，實則為廟中添祀的觀音菩薩捐獻，也說明觀音像並非當初創廟文物。

另外廟埕左側嵌於牆屋的一方界址碑，碑文字跡雖已難辨，但亦是宮內重要文獻；而別具特色的古籤，將籤詩直接書寫在竹

「奠安山海古匾」上的這兩個印記，清楚說明了興安宮的廟宇特性。

籤上面也相當罕見。其他像明代造形神桌、瓷香爐、樹頭香爐等皆是興安宮收藏的珍貴器皿，也是古鹿港時期不可多得的文化資產，值得用心珍惜維護。

興安宮自民國八十二年進行整建修復，歷時約四年，至此廟貌煥然一新，但外觀格局變化不大，仍為兩進設計，祇是乍見新舊雜陳的嶄新古廟，讓人多了一份突兀愕然之憾，雖然內部咸豐年間的神龕、神桌與樸拙的石鼓和淡雅彩繪依舊存在，但那份意境和感受自是不同，國內古蹟維護，似乎該更用心考究了。

金門館 【縣定古蹟】

地址：鹿港鎮金門街92號

　　金門館，相傳創建於清乾隆五十二年(西元一七八七年)，是鹿港地區最不像廟宇的寺廟。金門館顧名思義必定和金門有相當淵源，而「館」則有行館之意，因此實際上金門館除了具備一般廟宇的祭祀功能之外，還擁有金門同鄉會館功能，故而在建築設計上，融合寺廟與行館之不同需求，而獨樹一格。

　　金門館主祀蘇府王爺，此神原祀浯江嶼，故早期又稱浯江館，為金門地方的鄉土神，當初乃由清代金門駐台水師和金門移民共同出資興建，供金門駐台子弟朝奉之用，同時也作浯州人來台經商聚會之所，因此金門館和三山國王廟一樣，具備了人群廟的特質。水師撤防之後，金門人

重修後的金門館美侖美奐引人入勝。

精雕細琢的鳳凰雀替並不多見。

逐漸減少，無可避免金門館也淪為地方角頭廟宇地位。

　　金門館歷經數次整修，現存的金門館，是在清嘉慶十年(1805年)由許樂三捐地，由全省的金門協台水師官兵和鹿港船戶共同出資鳩工興建，廟內右側山牆鑲嵌的兩方捐款烏石碑，為道光十四年和咸豐五年設立，可看出當年官兵和居民踴躍捐輸的情形。另一方道光十四年的重建浯江館碑記，則為開台第一進士鄭用錫撰文題字，極為珍貴，也提供了研究金門館歷史的直接史料；館內原本收藏許多珍貴古匾，可惜在日治與光復初期，借給軍隊使用，部分無知官兵將具有歷史意義的古匾劈了當柴燒，知情者只能徒呼負負了。

蘇府王爺雖是金門地區守護神,但鹿港地區,卻有為數眾多供奉蘇府王爺的廟宇,數量之多堪稱全台之冠,同時還衍生出蘇府大王爺、二王爺、三王爺之爭,按文獻記載最早奉祀蘇府王爺的鹿港寺廟,應屬今老人會現址,昔稱王爺宮的萬春宮,它建於清乾隆三十四年(西元一七六九年),其供奉王爺出處已無從考據,而金門館和景靈宮,所供奉蘇府王爺,卻是同出一源,即金門伍德宮祖廟。另一有爭議寺廟即為號稱蘇府大王爺開基祖廟之奉天宮;最後只好以劃分大、二、三王爺作為區隔。

金門館當初廟貌接近民宅風格,三川殿以杉材精雕彩繪而成,沒有傳統王爺廟華麗的雕琢彩繪裝飾,整體建築設計風格,貼近民宅的內斂典雅,卻又呈現穩重莊嚴風貌。

進入三川殿,兩側雅致廂房,即為早年提供鄉人聚會繫情之所;中庭左側有座圓形古井,和一棵生機盎然的百年欅樹,更深入正殿即是金門館禮佛拜祀的地方,也是金門人在鹿港的精神寄託中心。

金門館已被列為國家三級古蹟,全面整修也已完竣,昔日傾圮不堪的金門館,如今已然脫胎換骨,重新展現其亮麗新貌,雖然昔日同鄉會館功能已經消失,卻也為鹿港豐富的精緻文化,再度增添風采。

館內西翼廂房便是早年提供鄉人休憩之處。

城隍廟【三級古蹟】

地址：鹿港鎮中山路366號

　　鹿港城隍廟是座三級古蹟，相傳創建於清乾隆十九年(1754年)，又名鰲亭宮，為昔日鹿港分府城隍，主祀城隍爺，相傳自福建泉州石獅鄉分身而來，當初曾被敕封侯爵，故廟內正殿上方懸掛有「忠佑侯」匾額。

　　城隍廟雖為陰廟，但具備燮理陰陽之功，陪祀掌管陰陽功過、賞善、罰惡等十二司尊神和南斗、北斗二位星君眾神，同時附祀協助城隍審理判案的文武判

後殿有罕見的城隍夫人陪祀。

城隍座前許多相貌冷峻莊嚴的陰間神差、讓廟內呈現一股悚然的神祕氣氛。

官，與負責追捕人犯的王朝、馬漢、張三、李四等四大名捕，還有身負押解人犯的牛、馬、枷、鎖四爺及謝七、范八兩位將軍，肅穆羅列於正殿兩側，在幽昏的廟裡，更顯現出一股陰森悚然的神秘氣氛；傳說午夜之後，在緊閉的城隍廟裡，可以清晰聽見犯人的哀嚎與鐵鍊拖地的聲音，以及城隍爺與諸神喝斥及撥動鐵算盤的聲音，祇是誰也不敢貿然躁進求證。

　　城隍廟位於中山路邊，正好是昔日大街北段的菜市場街，舊廟建築氣勢宏偉、檻楹生輝，寬敞的廟口廣場，以往曾是市場小吃的集散地，由於當地小吃味美價廉，吸引了不少船夫、苦力等胃納較大的饕客，因而被戲稱為

象徵人算不如天算的大算盤是
城隍廟常見神器。

「餒鬼埕」：城隍廟創廟二百餘
年，歷經數次整修，清代中葉最
大規模整修，是在道光三十年
(1850年)：當時留存的古物有廟
前一對精雕的青斗石獅與三川殿
泉州石柱：細心檢視廟裡珍藏，
記載當年捐錢整建的船戶商號烏
石碑，也見證了城隍廟的真實歷
史沿革。

其後在同治年間又局部修飾
一次，到了日治昭和時期，即西
元一九三四年，鹿港實施市區改
正，城隍廟氣宇非凡的三川殿，
也被強制拆除，再用水泥建造成
圓形宗祠式牌坊，其樣式拙劣，
氣勢盡失。

隨後懷古尋根的民俗風潮迭
起，城隍古廟也被列入國家三級
古蹟，於民國八十一年開始修
復，終於在兩年後重現當年古廟
英姿。

城隍意指城牆與護城河，早
期居民將護衛鄉民安居的城郭隍
濠，當做神祇祭拜，原屬自然崇
拜一種，昔稱水庸祭典或城隍
祭，早在三國即有城隍祭典，五
代時城隍獲帝敕封王爺，始稱城
隍爺，清代還指示省府縣各造城
隍廟，並將城隍祭列入正式祭
典，「迎城隍」至此成為各地方
盛事，各角頭宮廟都出動各式陣
頭助勢遶境，引來如湧的人潮參
拜圍觀。

傳說城隍爺並非固定由某神
祇擔任，而是透過玉皇大帝等遴
選派遣，但其選派原則一定是生
前如包青天般公正不阿、富正義
感的先賢，因此城隍爺可說是天
上司法之神，民間有何糾紛難了
或善惡難辨時，都會相約前來城

恢復原貌的城隍廟富麗氣派。

隍廟立誓或請求協助，因而破案的傳奇故事也不斷湧現，正應其神威顯赫的民間傳奇。

當踏入三川殿，門楣便勁書「明鏡高懸」四字，正廳上面懸掛一座黝黑算盤，與精緻照孽鏡兩件法器，傳聞係城隍用來計算世人的善惡是非，同時顯現生前為善作惡的情形，讓罪犯無所遁形，自然也有提醒世人「人算不如天算」的寓意。

此外，廟內古物很多，古匾、木聯、神桌、石碑、香爐等都值得細看。後殿則供奉大慈大悲的觀世音菩薩，兩側並從祀罕見的城隍夫人和註生娘娘，均屬宗教裡傳說中的女性神祇，也讓充滿陰森之氣的城隍廟，因而增添了許多祥和與溫馨瑞氣。

道光年間精緻瓷香爐是鎮廟之寶。

廟宇之旅

新祖宮

地址：鹿港鎮埔頭街96號

媽祖兩側宮娥是遭竊後重雕長大後的宮娥。

　　新祖宮俗稱「新宮」，是清乾隆五十三年(1788年)奉詔撥賜官銀敕建的媽祖廟，清代中葉同知署還曾在此處廂房辦公達10年之久；賜銀敕建的緣由，廟誌記載係乾隆五十一年冬，林爽文聚眾叛變，戰火遍及全台，當時府城告急，清帝乾隆特詔命嘉勇公福康安為大將軍，率巴圖魯勇將及十萬大軍於乾隆五十二年前來敉平戰亂，不意途中遇颶風侵襲，當情況危急時，福康安虔誠祝禱聖母庇佑，結果奇蹟式地風平浪靜；在鹿港登陸之後，士氣大振，官兵連戰皆捷，迅速敉平林爽文之變。

　　福康安深信平亂之功乃聖母顯靈相助，於是奏准清廷撥款，在鹿港擇地敕建媽祖廟，以酬神靈佑民之功。當地居民為與北側舊天后宮區分，便稱之為「新祖宮」。當初廟貌，屬於官建，故外觀格局仿宮殿形式建築，其結構宏偉，富麗堂皇，正殿奉祀之媽祖神像依例官建可採金面，以示尊崇，連帶千里眼和順風耳也

新祖宮富麗堂皇的三川殿雕飾繁複。

帶官帽的千里眼和順風耳是官
建媽祖廟才有的殊榮。

著上朝服戴官帽，這也是新祖宮
的文化特色，廟庭前方並砌石立
碑「文官下轎，武官下馬」，氣
勢恢宏，同時規定文武官員，每
逢朔望，必須前來朝拜，現今廟
前大庭，尚存長條石板鋪成的官
道遺蹟。

　　新祖宮擁有珍貴的石碑群，
從碑文內容可以見證新祖宮和鹿
港的傳承歷史，值得細讀，分別
是「敕建天后宮碑記」敘述當初
敕建新祖廟的緣由：「天后宮田
產記」記述屬於新祖宮的廟產田
地：另有嘉慶十二年的「重修廟

宇碑記」，皆詳細記錄了重修時
鹿港各大船商郊行捐獻金額。其
中「敕建天后宮碑記」，原碑早
已毀於戰亂之中，這塊石碑係仿
古之作，雖較不具歷史價值，但
碑內原文仍具參考價值。

　　新祖宮今日廟貌，係民國五
十三年重修，外觀依舊雕樑畫
棟，富麗堂皇，可惜古意盡失，
廟內保存不少歷代文物，有乾隆
年間福康安落款的「后德則天」
古匾，道光年間的「海天光
被」、「恩昭瞬息」匾額等，另
有咸豐年間雕飾簡潔有力的石香
爐、石花瓶與石燭台等，極為珍
貴。

　　供奉神祉除聖母媽祖外，附
祀台灣少見的龍王神像；另外正
殿之上奉祀一尊軟身媽祖神像，
雖不若興安宮軟身媽祖之歷史價
值，仍然十分特殊，昔日新祖宮
遭竊，分侍聖母兩側精雕的少女
宮娥被偷，後來重刻時，不知是
否說明不清，送回來變成兩個成
熟貴婦造型的宮娥，居民戲稱：
「宮娥長大了！」也讓官建的新
祖宮，憑添趣味，目前長大後的
宮娥，仍分侍聖母兩側，遊客不
妨留意。

古樸的碑林展現了新祖宮的沿革歷
史。

鹿港

武廟【三級古蹟】

地址：鹿港鎮青雲路2號

武廟，奉祀武聖關公或稱關聖帝君，道教稱「協天大帝」，儒教尊為文衡帝君，佛門則謂「蓋天古佛」，商人則因祂長於算術、守信重義，而尊崇祂為「武財神」，軍警系統人員則崇敬祂的忠義之氣，奉為守護神「武聖」，象徵正義，是鄉野間最受尊崇信奉的神祉。

武廟創建年代，追溯至清嘉慶十六年，由富紳蘇雲從發起，籌建於文廟左側，統稱文武廟，占地二甲餘，是鹿港三大歷史古蹟之一，可惜在光復初期，失修的文武廟提供軍隊駐紮，兩廡廂房，充為兵舍彈庫，卻任其傾圮塌落，幾成廢墟，當時曾有遷建之議，幸被地方人士極力阻止，方能倖存，隨後經當地商賈仕紳募款倡修，始成今貌。

武廟和文祠、文開書院的典雅古意造型不同，紅色的山牆和鮮豔的丹楹朱柱在藍天下，更顯得亮麗起來，也許寺廟彩繪造型都是配合關公的紅色顏面，故廟內可見主色調幾乎皆以紅色為主，呈現另一種精彩奪目之美。

武廟內奉祀關公與關平、周倉，都是三國時代赫赫有名的忠肝義膽英雄；其神像是當年福建名師所雕，神情威嚴、栩栩如生，皆屬藝術精品。武廟右側有口虎井，當初井水甜如甘霖，清

武廟屋脊上典雅花磚泥塑，風韻獨特。

鮮麗紅色將廟貌點綴的富麗堂皇。

武廟奉祀武財神信徒眾多，常是香煙繚繞。

澈涼冽，是泡茶品茗的上等好水，號稱蓬萊第一泉，可惜虎井近來淤塞，已遭封閉，但仍在遺址修建一座涼亭避蔭，同時提供遊客前來憑弔虎井的往日風采。

武廟因信徒眾多，香火鼎盛，重修頻繁，古意也降低許多；細看廟後公園裡偏僻角落，孤伶伶矗立著一塊忠魂碑，為日治時期昭和元年1926年始政紀念日所立碑塔，不妨順道瀏覽。

廟宇之旅

武廟巍峨正殿基座抬昇象徵祂地位尊崇。

文祠 【三級古蹟】

地址：鹿港鎮青雲路2號

文祠並非文廟，但一般民眾仍不清楚，經常造成誤解；其實文廟才是俗稱的孔子廟，屬於官設；而文祠又稱文昌祠，奉祀儒教中的文昌、文衡、大魁、朱衣、孚佑五位帝君。

文廟祭祀至聖先師，文昌祠奉祀文學之神，二者尊奉的都是文學的至聖先賢；主要差異在於官設孔廟，平時大門緊閉，祇有在春秋大祭才開正門，而且是由公家單位主持祭典，一般百姓不得隨意進入祭拜；而在科舉時代，入試求取功名又是人人祈求光宗耀祖之事，不滿之民眾遂另建文昌祠，成為民間的文廟。

鹿港文祠與文開書院的山門外表不易分辨，兩座建物又相鄰，其顯著不同便是文開書院兩側設有廂房。

文祠創建於清嘉慶十一年(西元一八○六年)，由當時鹿港同知薛志亮，率同本地知名仕紳陳士陶集資捐建，提供祭祀求取功名之所，亦提供為學子課讀詩文的清靜空間；鹿港最早的詩社

「拔社」，便設在裡面，吸引許多文人雅士到此品詩論學，可說是鹿港詩學的發祥地，也是讀書人的精神信仰中心。

文祠規模較小，格局簡單，但文藝氣息卻更加濃厚，三川殿有鹿港近代書法名家蒼勁雄渾的詩文題字，和精雕彩繪的格扇山門；作品細膩溫潤，精緻典雅，蘊藏了無盡的文風和古意。山門

虎井號稱蓬萊第一泉，為鹿港著名古井之一。

細看門楣上方斗栱與南靖宮字樣，彷彿祇是一戶大宅的門廳；走進山門，斗大的「伏魔大帝」匾額高懸樑上，兩側山牆有書法名家彩繪，跨過天井即進入正殿，法相威嚴的關聖帝君神像，便端坐正堂，另祀五營將軍與張飛、劉備神像，也是南靖宮特色。

　　南靖宮歷經嘉慶五年擴建與道光二十年重修，始成今日廟貌，最後一次整修迄今，也已30餘年，主體建築多處呈現老化剝損現象，於民國93年間，再度整修完成，預計民國94年，得以安座使用。

整修前正殿內部精緻的雕刻文物。

剛整修完成的正殿風貌。

鹿港

鳳山寺【縣定古蹟】

地址：鹿港鎮德興街26號

鳳山寺創建於清道光十年，至今已有一百六十七年歷史，供奉泉州的鄉土神祇廣澤尊王，亦稱郭聖王，祂和保生大帝同為泉州籍人士的家鄉保護神，聽說特別庇佑在外謀生的遊子。

走過昔日以竹篾編織著名的德興街，來到鹿港國小側門，鳳山寺即屹立國小側門正對面，從廟宇外牆看過去，你將發現有道水泥接縫，這是當初拓寬德興街時，鳳山寺中庭擋道，祇好拆掉中庭，再讓三川殿退縮之後接合的痕跡。

鳳山寺三川殿雕飾，古拙典雅，寓意深遠，簷下斗栱的紋身馱象與吉獸雕刻，造型特別，又獨具趣味，是少見佳構：門前石

鳳山寺側牆有三川殿退縮讓路的接合痕跡。

獅取自萬春宮，係廈郊船戶新福來捐獻，為大陸青石打造，模樣樸拙卻又栩栩如生：三川殿兩側壁堵上，交趾陶飾雖部分風化掉落，但還維持得相當完整，尤其龍虎堵造型古樸趣味的交趾燒，更值得用心欣賞。

此外廟內保存文物，尚有清代以簡單俐落線條細雕的精緻供桌與神龕：黝黑的神龕兩側方柱上，還撰刻兩則對聯，其頂端書有道光二年字樣，與廟內山牆保存的鳳山寺碑記，共同見證了鳳山寺悠久的創建歷史。正門後方高懸「忠孝義」古匾，正殿神龕頂端則高懸一方「威武英烈」匾額，係咸豐丙辰年陽月，由閤港泉廈八郊仕紳船商舖戶，共同出資重修立匾。而右側廂房，為早年北管知名票房玉如意館址，奉祀清代萬春宮主神－蘇府王爺，以及北管祖師爺西秦王爺，廟前還珍藏一座，取自昔日廈郊會館前殿，拆除時，遷移過來的石製大香爐，頗具歷史價值。

鳳山寺仍保留珍貴的龍虎堵交趾陶。

精緻的彩繪門神象徵了平安富貴。

廣澤尊王的神話故事，也是鹿港街坊鄰居所津津樂道的傳奇。相傳他本姓郭名洪福，自幼父母雙亡，和叔叔相依為命，資質聰穎靈慧，十六歲便得道昇天，當其坐化昇天之際，被急急趕到的叔叔將左腳拉下，因此廣澤尊王的神姿即是盤右腳垂左腳的有趣模樣；據碑記記載被敕封為廣澤尊王是在宋代，當時尊王數次顯靈，協助剿滅楊賊，驅逐島倭與呂寇，又著靈撲滅皇宮大火，威靈顯赫，而受敕封。

鳳山寺，集兩座具歷史意義的建築文化於一身，同時距鹿港百年國小，僅一牆之隔，遊客不妨順道參觀。

象徵五營將軍鎮守的五色旗令。

鳳山寺石獅是早年萬春宮的古物。

五方土地公

　　土地公又稱福德正神，祂是傳說中的土地守護神，亦稱后土之神，由於祂顏面慈祥，手持元寶或葫蘆神杖，象徵「發財」與「福氣」，故坊間商人每逢農曆初二與十六日，均會準備牲果祭拜土地神，祈求生意興隆，謂之「作牙」，故農曆二月二日即稱「頭牙」，而十二月十六日稱「尾牙」，在這兩天只要是商家都會擴大祭拜規模，主要是祈求新年如意賺大錢，再則感謝神明一年來的庇佑，同時宴請員工，準備過年。

　　清代順治末年，即十七世紀中葉，鹿港大舉遷街，當時為界定街區範圍，分別於古鹿港的東、西、南、北、中，五個方位擇地，分別建立福德祠，當時東方福德祠位於牛墟頭的景福宮，南方福德祠建於橫跨鹿港溪的楊公橋頭，西方福德祠則築於菜園路威靈廟附近，北方福德祠在奉天宮右側，另一處中壇土地公，則供奉於六路頭附近。

　　而隨著物換星移，加上天災人禍，五方土地公，除了北方福德祠，仍位居原地享受裊裊香火外，其他四尊土地公，幾乎都面

南方土地公歷經滄桑，終又回到自己的新祠。

西方土地廟應市區改道被拆，改奉祀在大將爺廟內。

具史蹟價值的南方福德石碣。

中壇土地公是唯一柱杖巡狩角頭的土地公。

臨流離失所的窘境。南方土地祠遭氾濫溪水沖毀；西方土地公則應市區街道改正被迫拆毀；而中壇福德祠，據悉已毀於中日戰事之中，東方土地公則可謂被吞併，因當年在景福宮內，祂是主神，如今改建為景靈宮，卻只落個陪祀地位而已。

幸好，鹿港蘊育了虔敬濃厚的宗教信仰，在各地方耆老搶救得宜之下，土地公始倖免於難，目前東方土地公奉祀於景靈宮正殿左側，地址為景福巷2號；西方土地公則移祀鹿港威靈廟，即菜園路大將爺廟左側。南方土地公則收藏於護安宮內，並於民國90年安座於護安宮隔壁的楊橋公園內新廟。

中壇土地公，則是五方土地公裡，較特殊的一位，其他四尊

神明都採坐姿，以喻鎮守此地之意，唯中壇土地公卻是手持神杖的立姿神像，據民間傳說，係中壇土地公必須在街區內四處巡訪走動之故，別具趣味；此神像目前奉祀於俗稱「後宅」的潤澤宮正殿，和諸神混祀一起，若非仔細觀看，還不易查覺其存在呢！最幸運的要算北方土地公，由於祂位於香火鼎盛的蘇府大王爺旁邊，又屹立於媽祖廟對面，自古即承受豐厚的香煙，可謂鹿港最具知名度又最好命的土地公了。

北方土地公是最幸運的土地公，香火鼎盛又擁有土地婆。

東方土地公位處昔日牛墟的景靈宮。

北頭奉天宮

地址：鹿港鎮中山路460號

「三月瘋媽祖，四月瘋王爺」，是鹿港春天街頭絕佳寫照，也說明繼三月媽祖回鑾熱潮之後，緊接著便進入奉天宮蘇府大王爺進香旺季，走近奉天宮服務台，上方貼滿書寫進香日期的黃色告示，即可看出奉天宮的香火鼎盛，亦表示鹿港即將進入，農曆四月民間熱鬧的另波迎神盛事。

奉天宮蘇府大王爺於鹿港開基，有段神奇傳說：據悉在清康熙二十三年，一位目不識丁的漁夫鄭和尚，在鹿港外海捕魚時，網獲一塊奇特木頭，起初他隨手丟棄，不料下網不久，木頭又再度上網，而且還發出陣陣光芒，最後好奇帶上岸，卻又隨手棄置角落，詎料半夜卻夢見神威顯赫的王爺金身，自稱是天帝駕前主理判事的文官，曾下凡至福建北頭為官，今奉玉帝旨意要在鹿港開基護國佑民，離去前並留下一首詩，以示其姓：「蔡公去祭忠臣廟，曾子回家日落西，此去京科脫了斗，馬到長安留四蹄。」經眾人拆解詩詞，再重新組合，即成「蘇」字，方知王爺姓

奉天宮是臺灣少見的開基祖廟。

奉天宮正殿雕飾繁複精緻，每年農曆4月12日生日，前後便是鹿港「瘋王爺」季節。

「蘇」，而將這塊異木雕成神像膜拜，當地也因此取北頭為名，而蘇府王爺自然成為北頭漁民的信仰中心。

鹿港供奉神祇，絕大多數皆由大陸分香而來，僅奉天宮自稱為開基祖廟，事實上也遭受不少非議；因為大陸所謂開基祖廟，大多為神明坐化昇天之處，而奉天宮僅以一個夢境與一塊奇木作為開基典故，當然有些勉強，只是宗教便是如此，信者恆信，鼎盛的香火，以及爆滿的進香人潮，便是奉天宮開基地位的肯定與信任。

清代早期，奉祀蘇府王爺，採爐主制；即每年利用王爺聖誕之日，讓有意迎回奉祀者，群集當年的爐主處，以擲筊方式決定，即所謂「博頭家爐主」；王爺應允之後，即擇日迎神回到新任爐主正廳供奉。

直到民國五十七年，才擇定緊臨北方福德祠這塊空地建廟，由於蘇府王爺神威顯赫，再加上地利人和，讓奉天宮香火極為興盛，它的分靈廟宇，不但涵蓋本省各鄉鎮縣市，更遠及大陸泉州、蚶江、汕頭、晉江等地，在臺灣廟宇中是極罕見的例子。

蘇府大王爺神威顯赫莊嚴的聖像。

奉天宮信徒虔誠光明燈祈福人數眾多。

奉天宮雖屬新建，乍看外表不甚起眼，但內部雕飾華麗，刻工精細，不論透雕彩繪，皆出自名家之手；每年農曆四月十二日王爺誕辰日前後，由各地蜂擁而至的香客絡繹不絕，擁擠的人潮及熱鬧的陣頭表演，都讓奉天宮內外為之沸騰，場面之大可不輸三月瘋媽祖的天后宮。

廟宇之旅

永安宮

地址：鹿港鎮民生路35號

永安宮位於天后宮西側，古名營盤地的民生路上，此處早年為清代水師駐紮營盤地而得名；主祀薛府王爺，便是民間傳說的唐朝名將薛仁貴；陪祀神明則是清代名將曾大老，創下國內首位以真實人物，奉祀神明先例。曾大老原名曾紹龍，為清代初葉左營水師游擊署指揮，為官正直，素得民心，祇是不幸在乾隆60年3月天地會餘黨陳周全之亂，因寡不敵眾，力戰殉職，鄉民為感念其護衛地方的仁德，逐尊塑著四品官服神像，合祀永安宮內。

本廟是鹿港知名角頭廟宇，據說創建於乾隆30年，由仕紳潘木成倡議建廟，香火日盛，歷經嘉慶12年和道光19年整修，至明治38年(1905)年最後一次大規模修茸，迄今已屆百年，其間雖有小修，但廟貌早已顯露老態，逐在民國92年全面翻修，並委由元昌行民俗學者李奕興，負責整建統籌設計事宜，於93年12月18日正式安座啟用。

廟內保存有許多珍貴建廟文

屹立在營盤地永安宮的入口地標。

永安宮內參拜的人潮不斷。

物，有道光19年「德及生民」古匾和明治年間「海國永安」匾，另有營盤地普渡公神位木牌，見證了鹿港多元的普渡文化：其中創廟至今的樸拙土製虎爺，更是鎮廟之寶，此外駕前馬僮、神像木雕，以及符印、香爐、文案，也都是延續古廟歷史的珍貴古物。

新廟格局依舊，惟壁面彩繪藝術，精彩絕倫，全部由近代名匠李奕興執筆，無論風格題材，均取材自古廟典故，並契合鹿港傳統的風俗民情，人物描寫亦栩栩如生，自然也以鹿港歷代卓著名仕為主，秀才洪月樵，同知鄧傳安...均是壁畫上的傳奇主角人物。

細觀廟內彩飾作品，無論筆觸線條和圖案用色，均極具高雅優美之風，鄉土味道濃郁，傳達了一份新現代美學創意和獨特的時尚風格，值得遊客細細品味。

曾大老是國內罕見奉祀的清朝名將曾紹龍。

永安宮安座迎神祭典的盛大場面。

貝殼廟

地址：福興鄉福南村振興巷10
　　　號之一

　　貝殼廟，原名為三清三元宮，建廟歷史並不長，但它的名氣不小，迭獲傳播媒體青睞，詳加報導，遊客絡繹不絕，儼然一處新興旅遊據點。

　　貝殼廟，位於鹿港近郊，即福興鄉福南村振興巷附近，廟裡主祀三元天尊以及玉皇大帝，與四面佛等神祇，廟庭兩側又分塑觀音佛像和太子爺神像，可謂集

充滿了海底螺貝風情的正殿。

佛道教神祇於一身，這也是臨海地區的廟宇特色。

　　貝殼廟引人入勝之處，即在於建廟時，主體結構，絕大部份採用珊瑚礁岩及其化石，或海螺貝類外殼，作為外觀建材裝飾；當驅車靠近廟宇，即已被它特殊的外觀吸引，待靠近山門，祇見山牆由黃褐色圓潤海石構築，圓形拱門綴飾了許多美麗的珊瑚化石和海貝銀螺，門楣上方有一木質橫匾，題書：「三休大地」古字，極具特色，山門頂端則以大小圓石排列組合成石佛群，象徵萬佛朝宗的浩瀚意象。

　　穿過山門，廊道矮牆仍以海石鋪設，右側龍垛以珊瑚礁岩，構建一座觀音亭，內祀觀音塑像；左廂則為太子亭，供奉腳踏風火輪的哪吒三太子，佛亭四周皆以黑色板岩薄片與貝殼鑲飾，

造型典雅的八角門回望山門一角。

「三休大地」古字匾，是貝殼廟
的精緻文物。

樸拙卻又別具特色。

廟宇正殿八角門，以珊瑚礁與海螺外殼鑲飾，上方則以珊瑚石和大型螺貝拱護，其上鑲嵌書有「三清三元宮」的九龍金字匾，兩側殿壁各有泥塑龍柱對映，龍柱間的八卦窗，則以圓石和大小不一的海螺堆砌而成；屋頂鑲嵌除了海石、貝殼之外，彩鳳飛簷與龍脊頂端的雙龍搶珠剪黏作品，也值得細心品味。

最近側廊後院重修擴建，應用了繽紛多姿的大型貝螺外殼鑲嵌，立體造形的祥龍麒麟色彩繽紛，栩栩如生，別具韻味，側面海產店，更應用貝殼裝飾珠簾和桌椅，進一步強化了貝殼廟的綺麗風華。

殿裡供奉元始天尊諸神，自左側窄徑斜梯下樓，走經壁面繪製了九龍九鳳的龍鳳道，可往海鮮小吃販賣部，紅磚格的養殖池與水箱裡，俱是新鮮活跳的鮮嫩海產，順道繞一圈又回到山門廣場，或自正殿右側繞行廂廊一

周，欣賞殿牆的貝類鑲飾或遠眺鄉居農村風光，也是絕佳享受。

拜訪貝殼廟，自鹿港菜園路過舊港溝即菜園橋，經俗稱新溝的福興橋，再直行約一‧五公里，注意左側一家園藝工具製造廠，地址為福興鄉沿海路四段752號，前面紅綠燈叉路左轉，續行約二百公尺，右轉直入約500公尺即抵貝殼廟。

不同造型貝殼種類設計更精緻
多元的龍形塑像。

住宿資訊

簡介：會館擁有完善休閒設施，和專業優質的各類型大小會議廳，空間高敞，設備新穎豪華，且附設氣派典雅的中西餐廳和游泳池、以及三溫暖、健身房；背倚生態性休閒公園，又臨近天后宮，環境幽雅，極適合安排高品質的閒逸之旅或寓教於樂的充電假期。

立德文教休閒會館擁有五星級設備，豪華舒適是注重生活品味遊客值得考慮住宿地。

天后宮香客大樓

住址：鹿港鎮中山路475號
電話：(04)7752508

簡介：香客大樓外觀設計典
雅、古色古香、距天后
宮僅200公尺，鬧中取
靜，擁有便利的逛街購
物空間，復臨近日茂
行、永安宮、新祖宮、
城隍廟、摸乳巷和餵鬼
埕史蹟據點，無論禮佛
或品嚐小吃均極為方
便，又同時獨攬台灣海
峽的夕陽秀色，擁抱小
鎮萬家燈火，最符合平
實的渡假需求。

香客大樓恬靜溫馨套房可俯
瞰市街風光。

天后宮香客大樓，空間優雅服務親切
是遊客到鹿港旅遊的絕佳住宿點。

住宿資訊

全忠旅社

住址：鹿港鎮中山路104號
電話：(04)7772640

簡介：鹿港境內的平價旅店，
位於和興派山所旁，臨
近甕牆、民俗文物館、
丁進士第、意樓、十宜
樓、九曲巷、龍山寺等
著名史蹟、攬勝極為方
便。

全忠旅社設於中山路大街上，
流露歷史痕跡。

和平旅社

住址：鹿港鎮中山路230號
電話：(04)7772600

簡介：鹿港鎮上風格獨特的平
價旅舍，位在泉郊會館
對面，為日治昭和時期
式樣建築外觀，臨近第
一市場，後車巷、隘
門、石敢當、鶴棲別
墅，以及鹿港古街保存
區，具有逛街購物便利
優勢。

和平旅社昭和式樣建築特色風
格獨特。

麗景汽車旅館

住址：鹿港鎮長安路58號

電話：(04)7755887

簡介：鹿港鎮上富有異國情調，而且隱秘獨具浪漫氛圍的旅館，臨近打鐵巷老樹、脫褲庄、生態性休閒公園、民俗文物館、甕牆、丁進士第，是享受鬧中取靜的最佳投宿地點。

麗景旅館是小鎮內別緻的住宿空間。

旅遊備忘錄

交通資訊

北部遊客開車路線

1. 自北二高南下，轉中山高彰化系統交流道，下中山高彰化交流道，接142縣道至鹿港；交流道至鹿港約10公里。

2. 自中山高南下，由彰化交流道下高速公路，接142縣道至鹿港。

3. 自新竹南下，走省道61線西濱快速道路至鹿港。

南部遊客開車路線

1. 自中山高北上，下彰化交流道，轉142縣道至鹿港。

2. 自中山高北上，轉漢寶線東西向快速道路(省道76線)至鹿港。

3. 自南二高北上，轉中山高彰化系統交流道，下中山高彰化交流道，轉142縣道至鹿港。

4. 自南二高北上，轉草屯－漢寶線東西向快速道路(省道76線)至鹿港。

5. 走省道17線濱海公路北上至鹿港。

公車路線

(一)統聯客運

　　台北承德站：(02)25533573

　　●台北往鹿港―首班09：45每隔90分一班次，末班車20：15分。

　　●三重往鹿港開車時刻約晚台北站15分鐘。

　　●林口往鹿港開車時刻約晚台北站30分鐘。

　　統聯鹿港站：(04)7772789 (鎮公所對面)

　　●鹿港往台北―首班車06：00每隔90分一班次，末班車18：00，
　　　假日加開19：30分。

(二)聯合巴士

　　台中復興路站：(04)22244447

　　鹿港站：(04)7743659・7743660

　　朝馬站：(04)27067880

　　●台中鹿港―首班車06：00每隔30分一班次，末班車22：３０
　　　分。每日雙向對開。(逢週休假日和上下班時段、約隔15分至20
　　　分機動加班。)

(三)彰化客運

　　台中站：(04)22121500

　　彰化站：(04)7224603

　　鹿港站：(04)7772611

●台中往鹿港─首班車06：30約隔15分～25分一班次，末班車22：00分。

●鹿港往台中─首班車05：50每隔10分～25分一班次，末班車20：30分(往彰化末班車22：35分)。

旅遊備忘錄

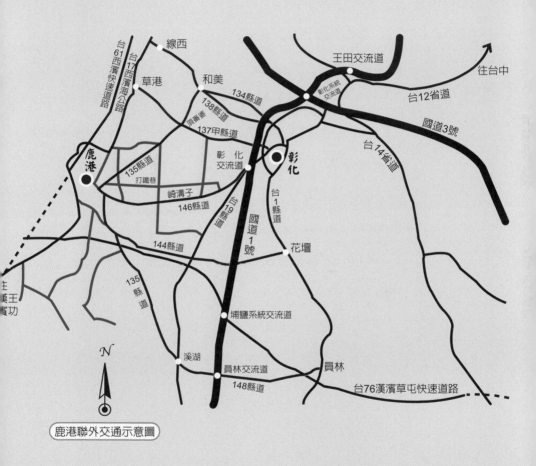

鹿港聯外交通示意圖

附錄資訊

導覽服務

◆鹿港文教基金會

　　地址：復興南路66號

　　電話：(04)7780096

◆鹿港高中古蹟解說團

　　地址：中山路661號

　　電話：(04)7772403

◆鹿港文聯

　　電話：(04)7784466

◆彰化縣民俗才藝推展委員會

　　地址：三民路152號

　　電話：(04)7764006

◆鹿江文化藝術基金會

　　地址：復興路584號

　　電話：(04)7747561

◆鹿港工藝家聯盟

　　地址：金門巷81號

　　電話：(04)7766230

◆鹿港教會社區關懷協會

　　電話：(04)7762567

加油站

◆仁好加油站

　　地址：鹿草路四段66號

　　電話：(04)7713793

◆台亞加油站

　　地址：鹿和路一段200號

　　電話：(04)7756266

◆彰鹿加油站

　　地址：彰鹿路五段242號

　　電話：(04)7743026

◆永益加油站

　　地址：菜園路152號

　　電話：(04)7752415

◆彰工加油站

　　地址：彰濱路二段332號

　　電話：(04)7780988

◆彰草加油站

　　地址：彰頂路186號

　　電話：(04)7715347

◆柯厝加油站

地址：鹿草路二段311-1號

電話：(04)7774213

醫療機構

◆鹿港鎮衛生所

地址：復興路423號

電話：(04)7772309

◆福興鄉衛生所

地址：福興路27巷2號

電話：(04)7772371

◆一品堂中醫診所

地址：中正路422號

電話：(04)7745599

◆鹿基醫院

地址：中正路480號

電話：(04)7779595

◆鹿秀聯合診所

地址：中山路475號

電話：(04)7753577

◆敏生醫院

地址：中山路176號

電話：(04)7772155

◆蔡順昌耳鼻喉科

地址：復興路123號

電話：(04)7761280

◆溫建益醫院

地址：民權路126號

電話：(04)7777077

警政單位

◆鹿港分局

地址：中山路300號

電話：(04)7772001

◆和興派出所

地址：中山路108號

電話：(04)7772119

鹿港

金融機構

◆台灣銀行

　　地址：中山路475號

　　電話：(04)7740671

◆華南商銀

　　地址：民權路279號

　　電話：(04)7745988

◆第一商銀

　　地址：中山路301號

　　電話：(04)7772111

◆彰化商銀

　　地址：中山路137號

　　電話：(04)7773311

◆台中商銀

　　地址：中山路266號

　　電話：(04)7780545

◆鹿港信用合作社

　　地址：中山路234號

　　電話：(04)7755746

◆鹿港郵局

　　地址：民權路278號

　　電話：（04）7761004

◆鹿港龍山郵局

　　地址：三民路113號

　　電話：（04）7770958

◆鹿港頂番郵局

　　地址：彰頂路349號

　　電話：（04）7711673

附註：

　　◆鹿港高中暑期假日有免費
　　　定點解說；平常日酌收服
　　　務費，請事先連繫。

　　◆吃在鹿港二十四小時都沒
　　　問題，晚上十時之後至凌
　　　晨，在鹿港第一市場，均
　　　能找到供應熱食的小吃
　　　攤。

本書主要參考資料

◆鹿港龍山寺—李乾朗著　雄獅美術文化公司出版

　台閩地區古蹟巡禮(四)—行政院文建會出版

◆清木鹿港街鎮結構—林會承著　境與象出版社

◆鹿港地藏王修護計劃—大佳出版社

◆鹿港興安宮修護計劃—大佳出版社

　台灣第一級古蹟巡禮—劉寧顏著

　鯤島探源(3)—林衡道口述　稻田出版公司

　鹿港傳奇—許漢卿改寫　左羊出版社出版

　鹿谿探源—葉大沛著　華欣文化事業中心出版

　鹿港民俗文物—王慧珍、高玉珍執編　國立歷史博物館出版

　鹿港勝蹟志龍山寺、天后宮、文武廟—王清雄著

　鹿港鎮志人物篇—吳文星主持鹿港鎮志纂修委員會編　鹿港鎮
　公所出版

　鹿港發展史—葉大沛著　左羊出版社出版

　鹿港—黃柏勳著　三久出版社出版

　發現古厝之旅—黃柏勳著　黎明文化事業股份有限公司出版

跟我去旅行 6　(GL006)

作者／攝影：黃柏勳

出版者：文興出版事業有限公司

總公司：臺中市西屯區漢口路2段231號

電話：(04)23160278

傳真：(04)23124123

營業部：臺中市西屯區上安路9號2樓

電話：(04)24521807

傳真：(04)24513175

E-mail：wenhsin.press@msa.hinet.net

發行人：洪心容

總編輯：黃世勳

執行監製：賀曉帆

美術編輯／封面設計：謝靜宜

總經銷：紅螞蟻圖書有限公司

地址：臺北市內湖區舊宗路2段121巷28號4樓

電話：(02)27953656

傳真：(02)27954100

初版：西元2006年1月

定價：新臺幣350元整

ISBN：986-81740-3-1（平裝）

鹿港
旅遊精典

國家圖書館出版品預行編目資料

鹿港旅遊精典 ／ 黃柏勳著. -- 初版.

-- 臺中市：文興出版，2006〔民95〕

面；　　公分. --（跟我去旅行；6）

ISBN 986-81740-3-1（平裝）

1. 彰化線鹿港鎮 - 描述與遊記

673.26/121.6　　　　　　94023906

郵 政 劃 撥

戶名：文興出版事業有限公司　帳號：22539747